わたしたちが沈黙させられるいくつかの問い

レベッカ・ソルニット
ハーン小路恭子 訳

左右社

The Mother of All Questions

REBECCA SOLNIT

わたしたちが沈黙させられるいくつかの問い

わたしたちが沈黙させられるいくつかの問い　目次

2 ブレイキング・ザ・ストーリー

希望とともに私たちは進み続ける
新しく現れた者たちと
彼女ら彼らが立てる美しい物音に対する愛を抱いて
アトラス
エラとマヤ
アイザックとマーティン
バークリー
ブルック、ディランとソロモン
デイジーとジェイク
読者たちと大騒ぎするやつらに
感謝を捧げる

イントロダクション

本書の中でもっとも長くて新しいエッセイは沈黙についてのものだ。女性が沈黙させられる多くの方法について書こうと考えるところから、それは始まった。じきに気づいたのは、男性が沈黙させられる方法もこの主題と切り離せないものであり、私たちの一人ひとりが、性役割と私たちが呼ぶ沈黙の相互作用を含む、多種多様な沈黙の複合体の中に生きている、ということだった。これはフェミニストの本だが、女性の経験だけでなく、私たちみなの経験について語るものだ。男性、女性、子ども、そしてジェンダーの二項対立と境界に挑戦する人たちの。

この本には熱意を持ったフェミニストの男性も連続レイプ犯の男性も登場し、あらゆるカテゴリーには漏れがあり、それらはあくまで暫定的なものとして使うべきだ、という認識のもとに書かれている。本書は北米において、そして世界中で再活性化したフェミニスト運動がもたらした法律上の変化だけでなく、急激な社会的変化についても論じている。そうした変化は、同意や権力や権利、ジェンダーや声、表象といったものについての私たちの理解を刷新するものだ。それは若者に率いられ、キャンパスやソーシャルメディアや街角で起きている、見事なまでに変容を促す力を持った運動であり、おそれも弁解することも知らないこれら新世代のフェミニストたちや人権活動家たちに対する私の賞賛は、計り知れない。それに対するバックラッシュを私がおそれていることに表れているように、バックラッシュというもの自体が脅迫の証拠なのであり、広い意味での人間の解放を目指すプロジェクトの一環として、フェミニズムは、その証拠を家父長制に、そして現状に対して突きつけてきたのだ。

本書は多くの屍を乗り越え、解放と連帯、洞察と共感を寿ぐことに至る旅のようなものであり、こうしたことのすべてを精査するための言葉と道具を見つける試みでもある。

マザー・オブ・オール・クエスチョンズ

二、三年前に、ヴァージニア・ウルフについて講演したときのことだ。講演に続く質疑応答でもっとも多くの人たちの興味を惹いたのは、ウルフが子どもを持つべきだったかどうか、という問題だった。行きがかり上、私はその質問に答えた。姉ヴァネッサ・ベルが出産したときの喜びようを見ていたこともあり、結婚当初のウルフは子どもを持つことも考えたようだ。だがやがて、みずからの精神状態の不安定さもあって、それは賢明な選択ではないと思うようになったらしい。あるいは私がそのとき答えたように、ウルフは作家になり、人生を芸術に捧げることを望んでいただけなのかもしれない。事実彼女は、後年見事にそれを成し遂げた。講演の中で私は、「家庭の天使」を殺すことについての作家の文章を引用し、好意的な反応を得ていた。「家庭の天使」、それは、多くの女性に家庭と男性のエゴに対して自己犠牲的に仕える小間使いになれと語りかけてくる内なる声のことだ。伝統的な女性性の息の根を止める試みを支持することについての講演だったのに、どうしてこんな会話に行きついたのかと、驚くほかなかった。

観客に言うべきだったのは、ウルフの生殖の状態について私たちがあれこれ推測を巡らすのは、彼女の作品が提示するすばらしい問いから目を背けるような、退屈かつ無意味な行為だ、ということだ（ある時点で私は、「こんなのクソくらえだわ」と言って議題を変えた気がするが、言いたかったことは同じだ）。つまるところ、子どもを生む人はたくさんいる。『燈台へ』や『三ギニー』を生み出したのは一人しかいない。私たちがウルフについて語るのは、彼女が『燈台へ』や『三ギニー』の著者だからだ。

一連の問いは聞きなれたものだった。十年前、政治が主題の本を書いて取材を受けたときのこと、インタビュアーのイギリス人男性は、私の精神が生み出したものはさておいて、私の子宮が産み出した、あるいは産み出さなかったものについて、何がなんでも語ろうとした。なぜ子どもを産まなかったのかと、壇上で彼は私を問いつめた。どう答えようと満足しなかった。どうやら彼の立場は、私は子どもを産むべきだったのであり、そうしなかったことは理解しがたく、それゆえ私が生み出した本について語るより、そのことについて語る方が大事だ、というもののようだった。

私が舞台を降りると、スコットランドの出版社の広報担当——痩せ型で二十代くらい、ピンクのバレエシューズを履いて可愛らしい婚約指輪をしている——が、怒りに顔をゆがめていた。「男には絶対あんなこと聞かないくせに」と、吐き捨てるように彼女は言った。その通りだ（いまではその言い方を、そんなことを聞いてくる人たちの意図を挫くために質問の形で使わせてもらっている――「それ、相手が男でも聞きます？」と)。そういう問いの根底にあるのはこんな感覚だ。複数形の女性たち、つまり、人口の五一%を占め、残りの四九%と同じくらい多様なものを求め、同じくらい謎めいた欲望を持つ人間としての女性たちなどというものは存在しなくて、いるのはただ結婚し、子育てをし、人類用エレベーターかなにかのように男たちを受け入れ、赤ん坊たちを送り出すことを義務とする大文字の女なるものだけだと。煎じつめればこうした問いは問いですらなく、自分たちを個人とみなし、一人ひとりの生き方を探る私たち女性は間違っているという主張なのだ。脳とは驚くほど多様なものを生産する個人的現象だが、子宮はただひとつのものしか創造しない、というわけだ。

　たまたま私には子どもがいなくて、それにはたくさんの理由がある。避妊にはとても気をつけている。子どもが好きで、叔母であることを楽しんでいるが、同時に孤独も愛している。不幸でやさしさに欠ける人たちに育てられ、その人たちのような子育ての仕方を繰り返したくはなかったし、自分がその人たちについて折に触れて感じていたことを、そっくりそのまま子どもが自分に対して感じるかもしれない、そんな状況を作り出すのも御免だった。この惑星は第一世界の人口がこれ以上増えればもたなくなるし、将来はひどく不透明だ。それに私は本当に本を書きたくて、実際にそうしてきたし、もの書きはなかなかに多事多端な職業だ。子どもを持たないことについて、人に説いて聞かせたいわけじゃない。状況が変われば子どもがいて、別にうまくやっていたかもしれない――いまと同じように。

子どもを望んでいても、さまざまな個人的理由、たとえば医学的、心理的、経済的、職業上の理由から、持てない人もいる。子どもが欲しくない人もいて、それだって他人がとやかく言うことではない。問いに答えられるからといって、誰もが答えなくてはいけないわけではないし、そもそも聞くべきではないこともある。私に対するインタビュアーの質問は失礼なものだった。女性は子どもを産むべきで、女性の生殖活動は公に語られて然るべきだというのを前提にしているからだ。さらに本質的なことを言えば、女にとってあるべき生き方はひとつしかない、という考えもその背後にはある。

あるべき生き方がひとつだけというのですら、楽観的に過ぎる見方かもしれない。母親たちだって、常に努力不足だと思われているのだから。五分間子どもから目を離しただけで犯罪者のように扱われることすらある。たとえその子の父親が何年も不在であっても。複数の母親から聞いた話では、子どもが生まれてこの方、頭がとろく知性に欠ける人間として扱われ、意見を軽んじられるようになったという。多くの女性の知人たちは、どこかの時点で仕事を休んで出産する可能性がある以上、まともな働き手とみなすことはできない、と言われた経験がある。職業上成功している女性は、逆にネグレクトの疑惑をかけられる。女がどうあるべきか、という問いに正解なんてない。むしろその問いを拒絶することに、活路があるのかもしれない。

答えのない問いについてここまで書いてきたが、答えがあらかじめ決まっている問いというのもある。少なくても問いかけた側にとっては、正解がひとつしかない類の問いだ。この手の問いは、こっちを群れに押し戻そうとするし、群れから外れればつねってくる。答えはもう決まっていて、それを押しつけ罰を与えたいだけなのだ。私の人生の目標のひとつは、ユダヤ教のラビよろしく、答えが出ている問いに答えのない問いで切り返せるようになること、内面の統制が取れた人間になり、侵入者が迫るときには良き門番となり、何はともあれこう尋ね返すのを忘れないことだ——「なんでそんなこと聞くんですか？」後になって気づいたのだが、これは敵意ある問いには常によく効く返し方で、答えがもう出ている問いというのは、たいてい敵意に満ちたものだ。でも子どもを持つことについて問われたとき、私は不意を突かれ（時差ボケもあったし）、考え込んでしまった——どうしてこういうダメ質問は、来るとわかりきっているときに限って繰り出されるのだろう。

問題の一端は私たち自身、誤った事柄について自問する癖がついていることにある。私たちの文化には俗流心理学の類が浸透していて、強迫的なまでに「幸せですか？」と聞いてくる。あんまり反射的に問いかけられるものだから、自然とこう願ってしまいそうになる――比類なきフェミニストの散文作家が、思い直してウルフ家の赤ちゃんをバカスカ量産してくれるように、タイムマシーンに乗った薬剤師が一生分の抗うつ薬をブルームズベリーに届けてくれたりはしないかと。

幸福についての問いはたいてい、私たちが幸せな生活とはどんなものだか知っている、ということを前提にしている。幸福はしばしば、万事が整った結果手に入るものとして描かれる――配偶者、子孫、私有財産、エロティックな経験――一瞬でも考えれば、こうしたものをすべて持っていてもなお不幸な人はごまんといることに気づくはずだが。

私たちは常にワンサイズ展開の幸福の法則をあてがわれるが、その法則はたいてい機能しないし、ひどいことになる。それでもまた、同じものをあてがわれる。何度も何度も。幸福の法則は監獄になり罰になる。想像力という監獄が多くの人々を人生の監獄に閉じ込める。そこには幸福になるための処方箋が揃っているが、それでも囚人たちはひたすら不幸なままだ。

あるいはこれは文学的な問題なのかもしれない。どうすればよき人生を送れるのかについての単一の筋書きを与えられるのだ。筋書きを辿ったところで、不幸になる者も少なくないのだけど。私たちは最良のプロットがひとつだけあって最良の結果に導かれるかのように語るが、実のところ私たちの周りには無数の人生の形があって、花開いたり萎れたりしているのだ。

よくある筋書きの決定版を地で行く人生を送る人たちだって、ご褒美に幸福を手にするとは限らない。が、特にそれがダメというわけではない。私の知っているある女性は、七十年間円満な結婚生活を続けている。みずから決めた原則に基づいて長く意味深い人生を送り、子孫たちに愛され、尊敬されてもいる。でも私は彼女の状態を「幸せ」とは呼びたくない。弱者に共感し、未来を案じることで、彼女は世の中を悲観的に見るようになった。幸福の代わりに彼女が得たものは、もっと別の言葉で表現されるべきだ。人生をよきものにし、価値あるものにする基準は、人によってまったく違っている――愛し愛されること、満ち足りていること、名誉、意味深さ、深遠さ、約束、そして希望。

　作家として私がめざしてきたのは、捉えがたく、見逃されがちなものを価値づける術を探ることであり、意味のニュアンスや影を描写し、公的な生も私的なそれも同様に祝福し、そしてジョン・バージャーの言葉を借りれば、「別の語り方」を見つけることだ。[1]お決まりの古くさい語り口で批判されるのはがっくりくるものだから。

　保守派による「結婚の擁護」は、実のところフェミニストによる改革以前の異性間の結婚がそうであったような古くさい権力関係のあり方を擁護しているにすぎないが、悲しいかな保守派だけの専売特許ではないようだ。この社会におけるあまりに多くの事柄が、異性愛者の両親がいる家庭で育つのは子どもにとって飛びぬけて素晴らしいことだという堅い信念に蝕まれている。それがために多くの人々は、身近な関係者全員にとって有害でしかない不幸な結婚にしがみつくことになる。親のどちらか、もしくは両方にとって最悪な状況が、なぜか子どものためになるという使い古された処方箋のせいで、みじめな結婚生活に終止符を打つのを長いこと躊躇していた人々を私は知っている。暴力的で虐待傾向のある配偶者を持つ女性でさえ、結婚という体裁があれば細部はどうでもいいとばかりに、しばしばひどい関係を維持しようとする。形式が内容に勝ってしまうのだ。それでも私は本当に何度となく、喜びに満ちた離婚というものがあり、いくつもの幸福な家族の形があるのを見てきた。ひとり親とひとりっ子の家庭から、複数の家族がともに子育てする家庭、世代をまたぐ拡大家族まで、その形は数限りない。

かつて自分と母についての本を書いたことがあった。母は暴力的な専門職の男と結婚し、四人の子どもを持ち、しばしば怒りとみじめさに襲われていた。出版後、あるインタビュアーから不意打ちのような質問をくらった。父親の虐待のせいで人生のパートナーを持ち損ねたのではないかと聞かれたのだ。その問いは、私が人生でやろうと思っていたことについての勝手な推測と、そしてその人生に土足で踏み込む権利が自分にはあるという思い込みに満ちていた。その本『近くて遠い場所』は、私にとっては、真によい暮らしへと至る長い旅路について、ひっそりと婉曲的に語ったものであり、母の怒りを理解し、伝統的な性役割や女として期待されることに囚われる中で生じた怒りの源を探り出す試みだった。[2]

私はやろうと決めていたことを成し遂げたが、それは母やインタビュアーが考えたものとは違っていた。作家になり、寛容で才気溢れる人たちに囲まれ、素晴らしい冒険をしようと思っていたのだ。男たち――ロマンスや火遊びから長期的な関係まで――もそうした冒険の一部ではあった。遠くの砂漠や、北極の海や、山の頂上や、災害、そして思想やアーカイブ、記録や人の生涯を探究することと同じように。

社会が与える自己実現への処方箋は、たくさんの不幸をつくり出しているようだ。実行力がないとかやる気がないとかでスティグマ化される人々にとっても、処方箋に従っているのに幸せになれない人々にとっても。もちろん、一般的な幸福の条件が揃っていて、実際とても幸せな人もいるのは知っている。子どもがいない人や、禁欲主義の僧侶や聖職者、娼婦や離婚したゲイや、その他大勢だって、幸せな人は幸せだ。去年の夏、友人のエマは父親に付き添って結婚式場に入場した。後にはエマの母に支えられた父親の夫が続いた。この四人とエマの新婚の夫は、例外的に愛情深く親密な家族で、政治を通して正義を追求する人々だ。この夏私が出席した結婚式は、どちらも花婿が二人で花嫁はいなかった。一組目の式では、人生の大半を結婚する権利を持たないまま生きてきて、まさか自分が結婚式をする日が来るとは思ってもみなかった花婿が、むせび泣いていた。

それでも、聞き古したおなじみの問いは繰り返される。問いというより、執行システムかなにかのように。伝統的な世界観では、幸福とは本質的に私的で利己的なものだ。人が自己の利益を追求するのは理屈にかなった行為で、そうできる人は幸せになるに決まっているのだ。人間である意味とは何かを定義づけること自体が限定的で、利他主義や理想主義、（名声や地位、物質的成功といったものを除いた）公的生活などが、手に入れるべきものリストに入り込む余地はあまりない。人生の意味を探すべきだといった考えは、滅多に日の目を見ることはない。普通の活動だけが本来的に意味深いものとみなされ、それ以外の選択肢はないものとされる。

母であることが女性のアイデンティティの核だとみなされるのは、子どもを持つことで愛情を与える能力を満たすことができるという信念のためだろう。でも愛の対象になるのは自分の子どもだけではないし、世界には愛を必要としているものがたくさんある。世界で愛がなすべき仕事もたくさんある。

多くの人々は、子を持たぬ者の動機に疑いの目を向け、親であることに伴う犠牲を払うことを拒む利己的な姿勢と結びつける。でも忘れられがちなのは、自分の子どもたちを深く愛する者たちには、残りの世界に分け与えるべき愛はそれほど残っていないということだ。先ごろ、母でもある作家クリスティーナ・ラプトンは、母であることに伴う多大な仕事に飲み込まれ、あきらめざるを得なかった事々について書いている。[3] たとえば、子育てにくらべるとあまり大事とは思われないが、それでも子どもたちがよき生を送るために本質的に必要なすべてのこと。書くことや発明すること、政治やアクティヴィズム。読むこと、人前で話すこと、抗議すること、教えること、映像を作ること……。自分にとって価値があり、人類を取り巻く状況を改善することができると信じているもののほとんどは、実際の子育てや、人が想像する子育てとはまったく比較しようのないことなのだ。

数年前突然にエドワード・スノーデンが現れたときにもっとも驚異的だったことのひとつは、なぜひとりの若者が、幸福の処方箋——高収入と安定した職業とハワイの住居——をかなぐり捨ててまで、世界最大の指名手配犯になることを選んだのか、多くの人々にとっては理解不可能だったことだ。人はみな利己的なものだから、スノーデンの動機だって、注目や金銭を得るための独りよがりなものにすぎないはずだ、というのだ。

第一報の数々が堰を切ったように流れ出す中、ニューヨーク・タイムズ紙の法律専門家、ジェフリー・トゥービンは、スノーデンを「実刑に値する壮大なナルシシスト」と評した。別の学者先生は、「エドワード・スノーデンは、自分がわれわれその他大勢より賢いと信じて疑わないナルシスティックな若者だ」と言った。敵国から金をもらって合衆国政府の機密情報を漏洩しているのだ、と考えた人たちもいた。

スノーデンは別の世紀からやってきた人物のように思えた。ジャーナリスト、グレン・グリーンウォルドとの最初のやり取りの中で、彼はみずからを、自己利益を追求することなく社会のために尽くしたローマの政治家、キンキナトゥスになぞらえた。これは彼が、幸福になるための標準装備なんてものから遠く離れたところで、理想やあるべき姿を構築してきたことの証拠だった。別の時代や文化においては、人々はいまの私たちとは違うことを問いかけていた。人生でもっとも意味深い行為とは何か？　世界や自分が属する共同体のために何ができるのか？　自分の原則にのっとって生きているか？　世界に何を遺していけるだろうか？　私たちが抱える幸せになりたいという強迫観念は、こうした問いかけをせずに済ますための術、人生がどれほど広がりえるのか、自分たちの成すことはどれほどの力を持つのか、どれほど遠くまで愛を行き渡らせることができるのか、見て見ぬふりをするための術でしかないのかもしれない。

幸福についての問いの根底には、ある逆説が存在する。数年前、ジョージ・メイスン大学の心理学教授トッド・カシュダンは、幸せであることが大事だと考える人ほどうつ状態に陥りやすいと結論づける研究を発表した。「より幸せになろうとすることを生活の中心に据え、幸福を人生の至上命題とすることで、実際に幸せになるのはかえって難しくなる」。

私はイギリスでついにラビ的な瞬間を迎えた。時差ボケが去った後、朗々としたフルートの音色のようなアクセントを持つ女性による公開インタビューを受けたときだ。「それで」と、彼女は声を震わせて言った。「あなたは人間性に傷つき、風景の中に逃げ場を求めたんですね」。その言葉が意味するところは明らかだった。私はとんでもなくみじめな人物の実例で、群れを外れた爪はじき者というわけだ。私は観客の方に向き直って言った。「この中で、人間性に傷ついたことある人、いますか？」観客も私も、一緒になって笑った。その瞬間、私たちにはわかっていた。誰もが変わり者で、共犯者で、自分の苦しみについて語りながら同じ苦しみを他人に与えまいとすることは、みんなが抱える仕事のひとつだと。愛だってそうだ。それはさまざまな形で現れ、さまざまなものに向けられうる。人生にはたずねるべき数多の問いがあるけれど、私たちが賢明であるならば、すべての問いが答えを必要としているわけではないとわかるはずだ。

（二〇一五）

訳注

▼1――ジョン・バージャー（一九二六―二〇一七）はイギリスの作家、美術評論家。「別の語り方」は、バージャーの一九八二年の著作のタイトルから。

▼2――『近くて遠い場所（*The Faraway Nearby*）』は、二〇一三年出版のソルニットの著作（未訳）。

▼3――クリスティーナ・ラプトンは十八世紀文学を専門とする英国ワーウィック大学、コペンハーゲン大学教授。引用は以下のエッセイから。http://avidly.lareviewofbooks.org/2015/05/11/after-mothers-day/

1

沈黙は破られる

沈黙に関する簡潔な記録

もっとも後悔したのは自分の沈黙についてだ。破られるべき沈黙は、あまりに多い。

オードリー・ロード▼1

I．群島を囲む海

沈黙は金。若かった頃そう教えられた。後になって、すべてが変わった。沈黙は死。エイズをめぐる無関心や抑圧と戦っていたクィアの活動家たちは、路上でそう叫んだ。沈黙は、語られなかったこと、語りえないこと、抑圧され、消し去られ、人の耳に届かなかったことに満ちた大洋だ。語ることを許された者たちや、語ってもいい事柄、耳を傾ける人たちによって形作られた島々の合間に、それはある。沈黙にはいろんな形と理由があり、私たちの一人ひとりに、語られなかった言葉の海がある。

　英語には同じ意味を持つ言葉がたくさんあるが、このエッセイの目的をふまえて、沈黙を強いられるもの、静けさを意図的なものとしておこう。無音の場所や心を落ち着かせること、言葉や喧騒から逃れることで得られる静けさは、脅され、抑圧されて沈黙するのと音響的には同じかもしれないが、物理的に、そして政治的には、まったく違う。泳ぐのと溺れるのが別物であるように、沈着や内省のために言われずにおいた言葉と、あまりにひどい脅迫、高すぎる障壁のために生じた沈黙は、大きく異なっている。静けさとノイズの関係は、沈黙とコミュニケーションの関係に等しい。誰かが話すことができるのは、聞き手が静かにしているからだ。静かに本を読む人がページ上の言葉を咀嚼するように。白紙がインクを吸い取るように。

「私たちは火山なのです」と、かつてアーシュラ・K・ル＝グウィンは語った。「私たち女性がみずからの経験を真実として掲げるとき、あらゆる地図が変わります。新しい山々が生まれるのです[2]」。海底の火山が水中に溶岩を噴出させるように、新しい声があふれ出て、新しい島々が生まれる。激烈で、驚くべき誕生だ。世界が変わる。沈黙は人々に贖いのない苦しみを与え、欺瞞と嘘を肥やしはびこらせ、罪を罰することなく見逃してきた。私たちの声が人間性にとって不可欠な要素であるなら、声を奪われることは人間性を奪われ、私たち自身から疎外されてしまうことに等しい。そして沈黙の歴史は、女性の歴史の中心にあるものだ。

　言葉が私たちをつなぐものなら、沈黙は人と人とを分断し、助けも連帯も、声に出すことが要求し明るみに出すような交感も奪ってしまう。ある種の樹木は、地底に根のシステムをはりめぐらせ、一つひとつの幹をつないで独立した木々をより頑丈な全体へと統合し、たやすく風に吹き飛ばされないようにする。物語や対話は、そんな樹々の根に似ている。ここ百年の間、ストレスや危険に対する人間の反応は「戦うか逃げるか」だと定義されてきた。しかし二〇〇〇年にＵＣＬＡの心理学者チームは、「戦うか逃げるか反応」のもとになった研究は、大部分において雄のマウスと人間の男性のデータしか使っていなかったことを指摘した。だが女性も研究対象にすることで、第三の、しばしば効果的に展開される選択肢が見つかった。集まって連帯し、助け合い、アドバイスを与え合うことだ。「行動学的には、女性の反応はむしろ「世話をし、親しくなる」ことによって特徴づけられる」と、心理学者たちは述べた。「世話することには自分と子孫を守るために慈しみを与える活動が含まれ、それによって安全性を高め、ストレスを軽減することができる。親しくなることで、この過程に役立つような社会的ネットワークが作られ、維持される」。こうしたことの多くは話すこと、自分の窮状について語り、聞いてもらうこと、自分が世話をし、親しくする人々の反応のうちに共感や理解を聞き取ることを通してなされる。女性だけがそうするというわけではないが、女性の方がより日常的にしていることかもしれない。私もそんな風にして他人とかかわるし、私の属しているコミュニティも、そうしたかかわり方を助けてくれる。

　自分の物語を語ることができなければ、生きながら死んでいるようなものだ。ときには文字通り死んでしまうことだってある。前夫に殺されそうだと言っても誰も聞いてくれなかったらどうだろう。痛いと言っても誰も信じてくれないかもしれない。「助けて」と言っても誰にも聞こえない。そもそもそう言うことすらできないか、助けを求めて他人に迷惑をかけてはいけないと思う癖がついているかもしれない。会議で話しても場違いだと思われるか、権威ある組織には入れないかもしれない。女はその場にいるべきではない、あるいは、いても意見を聞く必要はないという暗黙の了解のもとに、割に合わない批判にさらされるかもしれない。物語は命を救う。そして物語はあなたの人生だ。私たちは自分たちの物語だ。それは監獄にも、監獄の扉をこじ開けるための金梃子にもなりえる。物語を紡ぐことで自分を救うこともできるし、自分や他人を閉じ込めることもできる。物語で自分を高めることもできるし、自己の限界や恐怖という石壁に自分を叩きつけることもできる。何かからの解放には常に、物語ることのプロセスがいくばくか含まれている。物語を伝える《ブレイク》こと、沈黙を破る《ブレイク》こと、新たに物語を作ること。自由でなければ、自分の物語を語れない。自分の物語が重みを持つ世界で生きられなければ、大切な存在とは言えない。

女性に対する暴力は、しばしば私たちの声や物語に対する暴力だ。声に、そして声の意味するところに耳を傾けることを拒絶する行為だ。声が意味するのは、自己決定し、参加する権利、そして同意し、異議を唱える権利、経験し、関与する権利、解釈し、物語る権利だ。夫が妻を殴って黙らせる。デート相手や知人が女性をレイプし、「ノー」

という言葉の本来の意味、つまり女性の身体を自由にできるのは本人だけだということを否定する。レイプ・カルチャーは、女性の証言は無価値で、信じるに値しないと述べたてる。反中絶論者もまた、女性の自己決定権を沈黙に追いやろうとする。殺人者は、沈黙を永遠のものにする。これらは被害者には権利も価値もなく、平等な人間ではないという主張にほかならない。もっと些細な形で沈黙が強いられることもある。人々はオンラインで嫌がらせをされ、悩んだ末に沈黙する。会話の途中で遮られ、黙らされ、矮小化され、辱められ、切り捨てられる。声を持つことは重要だ。それが人権のすべてとは言わないが、少なくとも中心的なものだ。そう考えることで、女性の権利の歴史、そして権利の欠如の歴史を、沈黙とそれを破ることについての歴史として再考することができる。

　ときに発話と言葉と声は、多様性を受け入れること、認知すること、非人間的な扱いを終わらせ人間性を回復することを通して、変化の媒体となる。ときにその三つは、規則や法律や体制を変えて正義と自由をもたらすための必須条件となる。ときに、話をして、聞いてもらい、信じてもらう、それだけのことが、家族や共同体や社会の一員となる上でなくてはならないこともある。声がそうしたつながりをばらばらに壊してしまうこともある。そのつながりが監獄になることもある。そして、言葉が沈黙を破って現れるとき、それまで社会が容認してきたことがもはや許されなくなる場合もある。人種隔離や警察による暴力やドメスティック・バイオレンスの被害に遭った経験がない人には、その影響力を理解したり感じたりできないかもしれない。けれど物語は厄介事に目を開かせ、その到来を避けがたいものにする。

声とは文字通りの声——声帯が作り出し他人の耳に届く音——だけを意味するわけではない。発話し、参加し、経験し、権利を持った自由な人間として他人と関わるための能力のことでもある。これには話さない権利も含まれる。たとえば拷問を受け自白させられることを政治犯が拒否する権利。それに、よく若い女性に、注目し褒めちぎることを要求したり、その場にいないことで罰を与えたりする男がいるが、そういう人間が自分に近づいてきたときに、相手の好き勝手にしていいとは思わせない権利というのもある。声の思想は行動を選ぶ自由についての思想へと拡張され、権力を持つことと持たないことをめぐる広範な領域もその射程に含まれている[1]。

声を封じ込められてきたのは誰だろうか。海は広大で、大洋の表面には地図を描けない。公的な事柄についてももっぱら声を持ってきたのは誰か、ということなら、私たちは知っている。過去何世紀にもわたって、役職に就き、大学に行き、軍隊を指揮し、裁判官や陪審を務め、本を書き、帝国を支配してきたのは誰かを。私たちは知っている。二〇世紀以後、植民地主義やレイシズムやミソジニーやホモフォビアが強いた数えきれないほどの沈黙や、その他の多くの事柄に対して起こったいくつもの革命の後、状況はいくらか変化したことを。二十世紀の合衆国においては、階級差はある程度まで解消されたが、世紀の終わりにかけて、所得の不平等や社会的流動性の消失や新しく極端なエリート層が勃興したことで、ふたたび強化されたことを。そして貧困が沈黙を生み出すことを。声を持ってきたのは誰か、私たちは知っている。それは地図上に確固とした存在を誇る島々で、その周りには声もなく、記録にも残らない、地図にない海がある。島々の多くは何世紀もわたって声を持ち、愛され、その言葉は発せられるやいなや雲散霧消したが、思考の中に根を下ろし、肥沃な大地に施される堆肥のように、文化を形作ってきた。その言葉からは新しいものが育った。ほかのものは沈黙させられ、排除され、軽視された。地球の十分の七は海だが、声に対する沈黙の度合いはずっと大きいだろう。もし図書館が語られた物語のすべてを所蔵するというなら、語られなかったすべての物語を所蔵する幽霊図書館だってあることだろう。幽霊たちの数は存在する書物の数を、想像もつかないほどの大差で圧倒するだろう。声を持つ者すらも、その特権を得るために戦略的に沈黙せねばならなかったり、自分のも含むさまざまな声を聞く能力を失ったりしたのだから。

　解放に向けた闘争は、ひとつには、それまで沈黙を強いられてきて発話することも聞いてもらうこともできなかった存在のために、新たな状況を作り出すことにあった。あるイギリス人女性に聞いたところでは、国内の老人男性の囚人人口が急増しているとのことだった。かつては誰もその声を聞こうとしなかった性的虐待の被害者たちが、語り始めたからだ。イギリスでもっとも悪質なのは、ＢＢＣの司会者、ジミー・サヴィルのケースだった。ナイトの称号を手に入れ、褒めたたえられ、セレブリティになった人物だ。その死後、四百五十人を超える人々が彼を性的虐待で訴えた。多くは若い女性だったが、少年たちや成人女性も混じっていた。四百五十人もの人々が、声を抑え込まれ、声を上げたり異議を唱えたり信じてもらう権利が自分にあるとすらおそらく思っていなかった。あるいはそもそも自分にはそんな権利も発言力もないと、わかっていたというべきかもしれない。

セックス・ピストルズのジョニー・ロットンことジョン・ライドンは、一九七八年にサヴィルについてＢＢＣにこう語っていた。「あいつはありとあらゆる汚い仕業に夢中なんだ。みんなが知ってるけど、言っちゃいけない類のことさ。噂で聞いたんだ。絶対表には出せないだろうな」。二〇一三年にノーカットのインタビューが放映されるまで、ライドンの発言が表に出ることはなかった。その頃ちょうど、イギリスの著名な政治家たちの小児性愛集団についての記事が出始めたところだった。多くの犯罪はそれよりずっと以前に起きたものだった。子どもの犠牲者が死に至ったケースもあったという。誰の物語が受け入れられるのかをめぐる小さく局地的なドラマの国レベルの国際的なヴァージョンとして、有名人がらみのスキャンダルは展開される。それらは会話の俎上にのぼることで、変化してゆく意見の潮目についての記録そのものとなる。ときにはスキャンダルがきっかけで、ほかの被害や加害者について語ろうとする者たちも現れる。近年ではこれは、集合的な裁きの場や数多くの証言や相互扶助をソーシャルメディアを使って作り出すプロセスへと変化を遂げている。先に書いた「世話をし、親しくなる」行動の、いわば一形態だ。

　沈黙が、何十年もの間、性犯罪者たちが疑われずに跋《ばっ》扈《こ》するのを可能にしてきた。まるで彼ら著名人たちの声が、ほかの人々の声を飲み込み、無の淵へ、語りのカニバリズムへと追い込んだかのようだった。彼らは拒絶するための声を被害者に与えず、信じられない物語で苦しめた。「信じられない」とは、権力者が知りたくも聞きたくも信じたくもなく、被害者に声を与えたくないときに使われる言葉だ。人々は声を持たないために死んでいった。だが、何かが変わった。

　同じ話は北米の人物にも数えきれないほどある。最近の有名な例を挙げれば、フォックス・ニュースのCEOロジャー・エイルズがいる。職場の数人の女性たちから、半世紀以上もの間セクシュアル・ハラスメントや嫌がらせ、搾取、脅迫や心理的虐待を行ってきたかどで告訴されたのだ。ビル・コズビーの薬物を利用したレイプも同じくらい長期間に渡るものだったし、カナダのミュージシャンでラジオ司会者、ジアン・ゴメシは、複数の女性から悪質な暴行で訴えられた。みな権力者で、その発言力と信頼度を使い、暴行の被害者たちを黙らせることができた。しかし何かが壊れ《ブレイク》、沈黙を破り《ブレイク》、物語の大洋は荒れ狂い、見逃されてきた悪行を洗い出した。あまりにも明らかな証拠がある場合でさえ、彼らのうち何人かは被害者を虐待し、脅迫し、被害者の物語の信ぴょう性を否定する方法を見つけ出した。被害者を信じれば、信じるべき事柄についての基本的な前提そのものを疑わなくてはいけなくなるからだ。それは心地のよいものではないし、多くの人々は心地よくいられることは権利だと言う。たとえそうした心地よさが、他者を苦しめ沈黙させることで保たれているとしても。いやむしろ、他者の犠牲があるからこその心地よさなのかもしれない。

　話す権利を持ち、信じてもらうこと、話を聞いてもらうことが一種の富だとすれば、いまその富が分配されているのだ。長いこと発言力と信頼性を持ってきたエリートがいる一方で、声を持たない下層階級がいた。富が再分配されるにつれ、女性や子どもが恐れずに語り、人々が彼女たちを信じ、その声にはなにがしかの重みがあり、その真実が力ある男性の支配を終わらせるかもしれないことに対して、エリートたちはとめどなく怒りや不信を噴出させた。聞き届けられた声は、権力関係を転覆させる。ホテルの清掃係の女性が、国際通貨基金の長にして連続暴行者のドミニク・ストラス＝カーンのキャリアの終焉の口火を切った。女たちがさまざまな分野のスターたちのキャリアを終わらせた。いやむしろこのスターたちは、被害者は力を持たないから罰せられず逃げおおせるはずだと高をくくって悪行に興じ、自滅しただけかもしれない。多くの者たちは長い間、ときには死ぬまで罰を受けずに済んだが、いまではそうはいかない。

誰の声が聞き入れられ誰のものはそうならないか、ということが体制《ステータス・クオ》を決定する。体制を代表する者たちは、おそるべき沈黙をみずからの存在で埋めることを通して世の中心に躍り出る。聞いてはもらえない事柄や沈黙の上に君臨する者たちに歯向かえば、追放される。誰の声に価値を見出すべきなのかを再定義することで、私たちは社会とその価値を再定義することができる。

この本の主題はさまざまな沈黙のヴァリエーションと沈黙を強いる行為、なかでも特に女性を対象としたものについてだ。人間の半数を占める集団に特にあてはまるなんてものがあればの話だが。もし声を持ち、話すことを許され、話を聞いてもらい、信じてもらうことが、組織の内部に入り、権力を持ち、集団に属する正式な資格を持った人間になるための必須条件ならば、沈黙は抑圧の普遍的条件であり、さまざまな種類の沈黙があり、黙らされる人々がいることも認識しなければならない。

女性というカテゴリーは、階級、人種、貧困や富といった多くの別の道路と交差する大通りのようなものだ。この大通りを歩くことはほかの道路にも分け入っていくことであり、沈黙の都市における重要な街路や経路がひとつきりなんてことは決してない。現在、男女のカテゴリーを疑うことは有用だが、ミソジニーの根底にはこれらのカテゴリーが実在するという盲信（あるいは、しかるべき性役割を実践することでカテゴリーを強化しようという試み）があると覚えておくこともまた役に立つ。

大量虐殺はおそるべき規模において沈黙を強いる行為であり、奴隷制もそうだ。アメリカのフェミニズムは、奴隷制に抗して立ち現れた。別のカテゴリーとの交差点において誕生したのだ。一八四〇年にロンドンで開かれた世界反奴隷制大会に、エリザベス・キャディ・スタントンは多くの女性奴隷制反対論者の一人として出席し、参加するため遠路旅してきたにもかかわらず、到着してみると女性たちには席がなく、発言することもできなかった。抑圧された者たちの擁護者として知られた人たちですら、あまりに昔からあって、自然なものとみなされている秩序については、どの点が抑圧的なのかわからなかったのだ。議論が巻き起こった。スタントンの自伝にはその地に集まった素晴らしい女性たちについて書かれていた。彼女たちは、「みな女性の領分についての男性的な決まり文句を黙って聞かされた」と。彼女は怒りに震えながら帰国し、沈黙させられ締め出されることに対する怒りとそこから生まれた知見が、初の女性の権利運動の礎を作った。

選挙権を勝ち取り学校と教育を手に入れることに加え、公民権をめぐる闘争の重要な要素は非白人を陪審に含めることにあったし、いまもなおそうだ。人々に完全な社会参加の権利を与えるだけでなく、裁きを受ける人々にも、自分が何者でどこから来たのかについて、いくらかでも理解があるかもしれない人物に話を聞いてもらう権利を与えることも、その要素のひとつだった。憲法で保障されているような、同等の地位の陪審による裁判だ。陪審における人種配分については、二〇一六年の最高裁でもまだ争われていた。ジェンダーをめぐる闘争は、これと通じるものがある。

　女性が全国的に参政権を得て七年が過ぎた一九二七年においても、女性が陪審になることを認めたのは十九州のみだった。[2] 一九六一年になっても最高裁は、フロリダ州が陪審から女性を自動的に除外しているのを合法とした。要は、ジェンダーをめぐる暴力や差別についての裁判のうちあまりに多くのものが、男性のみの陪審が耳を傾ける法廷で、男性弁護士と男性判事によって行われたということだ。そんな状況では、女性被害者の声が信ぴょう性を疑われ抑え込まれる可能性は極めて高かった（沈黙させられた集団に不利な証言を別のグループの女性がするのでない限り。折に触れ白人女性は、黒人男性を攻撃するための武器として白人男性に利用された）。そして裁判であれほかの多くの場面であれ、女性は社会の中で声を持たなかった。

　沈黙は女性にとって歴史的に与えられた条件であり、教育の機会も公的な役割——判事や、司祭や、何であれ話すことを含むもの——も、極端な例外を除いてはほとんど女性には与えられなかった。精霊の家で、女たちは沈黙していた。「コリント人への第一の手紙」の中で、聖パウロは命じた。「教会では女たちを黙らせておきなさい。彼女たちは話すことを許されていないのです」。新約聖書のほかの個所でもこのように書かれていた。「女が教えたり、男の権威を奪って上に立つことを私は許さない。女は黙っているべきだ」。合衆国内の英国国教会では、一九四四年まで女性司祭は現れなかった。英国聖公会の場合は一九九四年までそれが続いた。合衆国での最初の女性ラビは、一九七二年に任命された。カトリック教会では、未だかつて女性が司祭に任じられたことはない。

　法廷でも女性は沈黙していた。一九八一年まで、最高裁判事を務めた女性はいなかった。女性議員はいまでも男性の三分の一しかおらず、それでもこれが史上最多だ。この世界の有力者となる多くの学生を育むハーバード大学のロースクールにおいて、女子学生の入学を求める請願が初めてなされたのは一九三七年だった。実際に女子が入学したのは一九五〇年のことだ。国家間のグローバルな同盟関係が結ばれる場となる多くのアイビー・リーグの大学でも、女子は学部に入学することができなかった。イェール大学初の女子学部生は、一九六九年に入学した。かの地で女性が受けた扱いはあまりに敵意に満ちたもので、一九七七年には、キャンパス内での教授たちによるセクシュアル・ハラスメントとレイプをめぐる国内初のタイトルナイン訴訟、アレクザンダー対イェール裁判が起きたほどだ。[3] 以降国中の大学で、これらの暴行を性差別と位置付けることが必須条件として慣例化された（だがこの変更は不十分なものだった。三十九年後の二〇一六年夏、イェール大学で、二十七年間にわたってセクシュアル・ハラスメントを続けてきたとされる、その専門も倫理学の教授トーマス・ポッジを非難する声明書に、百六十九人の教授たちが署名した）。

新たな認識は新たな言語を要請する。一九六〇年代から七〇年代にかけてなされた対話を通じ、隠れることをやめて溢れ出した個人的な経験の数々を記述するため、フェミニズムは多くの語を作り出してきた。一九七五年にジャーナリスト、スーザン・ブラウンミラーは「デート・レイプ」という語を作った。「セクシュアル・ハラスメント」はおそらくＭＩＴの教授メアリー・ロウが作った語で、一九七四年の同大学における不法行為、あるいは一九七五年にコーネル大学で起きた同様の問題を説明するために使われたものだった。伝説的な弁護士キャサリン・マッキノンは、一九七九年の著書『セクシャル・ハラスメント・オブ・ワーキング・ウィメン』で、その概念をさらに推し進めた。その語と背後にある概念は、一九九一年の最高裁判事クラレンス・トーマスとアニタ・ヒルの公聴会を通じて広く大衆の知るところとなった。一九九三年、オクラホマ州とノースキャロライナ州は、配偶者によるレイプを罪としない最後の二州となった。自己の身体に対する権利の欠如は、沈黙を強いることの一形態であり、言葉の価値を奪うための方法であり、価値のない言葉は沈黙よりもひどいものだ。それにより罰せられることさえあるのだから。

11. 男はみな孤島——男性の沈黙

家父長制のもと、沈黙はあらゆるところに見られるが、男と女では沈黙のあり方は異なっているようだ。ジェンダーを管理することは互いの沈黙を生むのだと気づけば、権力や集団の一員になることと引き換えに、男性は沈黙に陥るのだとわかり始める。ベル・フックス以上に雄弁にそれを語ったものはいない。[4] 彼女によれば、

> 家父長制が最初に男性に要求する暴力行為は、女性に対するものではない。そうではなく、家父長制はすべての男性に心理的な自傷行為にいそしむことを求め、みずからの感情的な部分を抹殺することを求める。感情を抑え込むことがうまくできない男性がいると、家父長的な男性たちが代わって権力の儀礼を執り行い、彼の自尊心を傷つけるだろう。

つまり、家父長制はまず男性が自分自身を沈黙させることから始まるのだ（そして、家父長制が男性と男性性に特権を与えるシステムであるにもかかわらず、それと共犯関係にある女性はたくさんいるし、男性でもそれに抵抗する人たちもいるし、その基底にあるジェンダーについての

決まりを取り崩そうとしている人たちだっている、ということもおそらく再度指摘しておいた方がいいだろう）。男性たちは他者だけでなく自分自身まで、内的生活や自己存在までも沈黙に追いやることを学ぶのだ。

フックスの文章を読んでいて、これはホラー映画かゾンビ映画の筋書きじゃないかと突然わかったような気がして、怖気が走った。死者が生者を追いつめ、その感情を根絶やしにする。標的を自分たちと同じ無感覚に陥れたり、攻撃して黙らせたりするのだ。沈黙の風景には三つの領域がある。内部から課される沈黙、外部から課される沈黙、そして名もなく、認知も描写もされず、存在を認められることもないなにものかの周りを取り囲む沈黙。その三つは独立した存在ではなく、互いを肥え太らせる。語りえないものは知りえないものと化し、知りえないものは語りえないものと化し、何かが破られるまでそれが続く。

権力と引き換えに、男たちは感情面での全体性とでもいうべきものを売り渡す。感情の放棄は早いうちから始まっている。甥っ子が五歳になる直前、できる限り中立を装って、どうしてピンク色が好きでなくなってしまったのか聞いてみた。彼はきっぱりと言った。「女の子は好きだよ。女の子っぽいものが嫌いなだけ」。彼には自分が何を言っているのか、はっきりとわかっていたし、女の子っぽいものとは何で、そういうものに自分を定義させてはいけないことも知っていた。実際、女の子っぽいものがすでに大嫌いになっていたし、自然な流れで『マイ・リトル・ポニー』のどこがダメなのか熱弁をふるうようになった[5]。

五歳でそんな意識に駆り立てられるのは早いのではないかと思ったが、友人に生まれる予定の赤ちゃんのためにギフトを買いに行き、考えを改めた。生まれた瞬間にも私たちは性役割に囚われてしまうのだ。女の子向けの製品にはギュッとしたくなるような可愛さと魅力があり、どちらかといえばおとなしめだ。暖色に子猫や花がちりばめられている。男の子向けのものは逆に距離感を押し出す。クールな色味と活動的な柄、威嚇的なもの、親しみや感情を取り除いたもの――スポーツ柄、ボールやバットに宇宙船、爬虫類や恐竜や蛇のような冷血動物。他人に世話してもらわずには生きられない寄る辺ない哺乳類にしては違和感のある選択肢ばかりだ。

男性性は多くのものを手放すことにある。ピンクという色自体は些細なものだが、感情や表現すること、感受性、さまざまな可能性が、上手に男らしくなりおおせた少年たちや男たちによって切り捨てられていく。さらに男らしさの領域――スポーツ、軍隊、警察、男しかいない建設や資源抽出の現場――で生きる者たちは、そこに属するためにもっと多くのものを手放していることだろう。女性はより幅のある感情の可能性を保持できる。ただし、激しい感情――淑女らしい控えめさにかけているものや、野心や批判的な知性や独自の分析や反論、怒りといった数々の感情――を表現することをとがめられたり、表現することでスティグマ化されることはある。つまり沈黙は、属するカテゴリーごとにさまざまな形で押しつけられる、強大な力なのだ。その力の基礎となるのは現状追認の行為で、いつでも保たれる沈黙が、その現状追認を裏打ちしている。

　ミソジニーとホモフォビアは、家父長制とは異なる憎しみの形態だ。「異性愛を引き起こすのは何か？」とは、四半世紀前、ＬＧＢＴＱ活動家団体クィア・ネイションの反ホモフォビア運動の一環として、私の育った町のあちこちに貼られていたステッカーに書かれていた文句だ。それは伝統的な観念をひっくり返す巧みな問いかけで、異性愛もまた社会的構築物であり、疑う余地のない規範とみなす必要はない、と語りかけていた。幸運にも私は、十三歳の頃からゲイ男性に、異性愛的な男性性の教えに抗する人たちに囲まれて生きてきた。男性性が与える特権のいくつかは彼らには手に入らないものだったり、興味を惹かなかったり、何かを犠牲にして手に入れねばいけないものでなかった。彼らのエロティックな反駁は、異議を唱えるにもいろいろなやり方があると教えてくれた。彼らを知っていたことで、男性にもいろんなあり方があると、長きにわたって気づかされてきた。

　私の知るゲイ男性たちは、多くのストレートの男性たちよりずっと、人として必要な資質を備えているように思えた。あらゆる種類の感情を経験し、表現することができ、他者の感情も理解し肯定することができた（そしてしばしば、言葉の意味するニュアンスや陰影について自分たちよりはるかに研ぎ澄まされた感覚を持ち、知的にそれを表現することができた）。彼らは家父長制の戦いを離脱した兵士たちであり、ユーモアと呼ばれる複眼的な視点と、ものごとのあり方とあるべき形との間の落差を見抜く能力を備えた人たちだった。

ドラァグ・クイーンから、男性自身を男の眼差《メイル・ゲイズ》しの対象とする、美的に誇張された男性性までのスペクトラムまでをも含む文化においては、男性性そのものが疑問に付されてきたし、いまでもそうだ。それらすべての基底には、あらゆるアイデンティティは人が身に纏う衣装だという感覚があり、その背後には、自分がこうありたいと思うさまざまな姿が広がっている。もちろん、どんな種類のどんな人間にもひどい人がいるだろうし、ある人種や階級や宗教、ジェンダー上の特性が解放や洞察力を保証してくれるわけでもない。私はあらゆるゲイ男性ではなく、自分の友人や共同体の話をしているのだ。

異性愛のメインストリームでは、他者たちの感情を担保し表現する労働を女性が担ってきた。とても若かった頃、ボーイフレンドと車で旅に出かけたことがあった。彼の父親は、私たちを見送りながらこう言った。「連絡はちゃんとしろよ。母さんが心配するからな」。母親は、父親の表現しがたい感情を代理していた。他人が認知できる感情を持っているのは母だった。家庭の沈黙をおしゃべりで埋め、人と人とをつなぎ、優しくはあるけれど内に籠った男たち、人としてはまっとうだけど感情表現は嫌いで、つながりを持つのを人任せにする男たちに囲まれた家で、開放的であろうとしたのは彼女だった。

感情が押し殺さなければいけないものだとしたら、殺しの標的になるのは女たちだ。不寛容的な男たちは、可傷性《ヴァルネラビリティ》を目の敵にする。男性であることは可傷性を憎むよう学習していて、自分の中の傷つきやすさや、自分の代わりにそうした特質を持っているジェンダーの傷つきやすさを憎むのは当然のことだから。「ゲイ」や「おかま」と並んで、「ガール」や「プッシー」も、少年や男たちを侮辱する際のキーワードとして長らく使われてきた。男は女になってはいけない。泣いてはいけないし、弱虫ではいけない。ゲイであることへのおそれは性的な存在であることへのおそれなのかもしれない。支配することや挿入することについてではなく、他者を受け入れ、平等で、開放的であることについてのおそれ。まるで開放性は強さではなく弱さの証拠だとでもいうように。古代ギリシアやいくつかの現代文化では、男性性は挿入するのが誰かによって定義されてきた。男性であれ女性であれ貫かれる存在であることは、男らしくないのと同じくらい恥ずべきことなのだ。その線でいくと、異性愛の女性は永久に恥ずべき存在であり、挿入者もおそらくは同様に堕落した人物になる（中世のアイルランドには「女みたいに化け物に犯されるやつ」という言い回しがあり、あまりに極度の侮辱だったので、言われた側は相手を殺す権利が法的に保障されていたほどだ）。

愛とは絶え間ないやり取り、絶え間ない対話だ。誰かを愛することは、拒絶や捨てられることに対してみずからを開くことだ。愛は努力を通じて手に入るもので、強引に奪うものではない。そこでは支配する立場にあるのは自分ではない。ほかの誰かにも権利や決断力があるからだ。それは共同作業のプロセスだ。セックスは、最良の場合には、これらのやり取りが喜びや遊びとなるプロセスなのだ。性暴力の多くは、そうした可傷性《ヴァルネラビリティ》を否定する。男性性についての多くの教えは、誠意をもってやり取りするスキルや意欲を捨てるよう説いて聞かせる。能力の欠如と特権意識は支配することへの衝動へと劣化し、対話を命令口調のモノローグに変え、セックスの共同作業を一方的な暴行に、支配権の誇示に変えてしまう。レイプは、身体同士が交わす愛を憎しみと怒りに変貌させる。それは武器としての男性の身体、敵としての女性の身体（異性愛のレイプの場合）を映し出すのみだ。自分の身体を武器にするのは、どんな感じだろうか。

協力し、話し合い、敬意を持ち注意を払うことを学んでいなければ、愛する者を平等で、侵すべからざる権利を持つ存在とみなせなければ、愛の仕事に対してよく準備ができているとは言えない。私たちが住む世界では、最近まで、先進国の人々は女性の身体に対する権利を女性が侵害してはいけないと思っていた。いまでもヘテロの男性たちが、性的関係を得るためにどんなにバカバカしいほど苦労しなくてはいけないか愚痴っているのを聞くのは珍しいことではない。最近まで合衆国では、夫は妻の身体に対し無制限の権利を持っていたことを思い出してもいいかもしれない。別の言い方をすれば、妻は自分の身体に対する権利を何ひとつ持たないということだ。

近年ではカリフォルニアとニューヨークでのみ、大学のキャンパス内での同意に基づくセックスには積極的同意を要することが州全体の基準になった。積極的同意が法律に盛り込まれたとき、合衆国で（そしてロンドンベースのガーディアン紙のウェブサイトで）、多くの男性が怒声とともに、お互いが意識的に、積極的に同意しているに決まっているだろうとぶち上げた。彼らがその法律を、新たに作られたとんでもない障壁だと思っているのは明らかだった。それ以前の判断基準とは「抵抗がない」ことで脅されたり泥酔したり意識をなくすことまでみな同意として解釈することができた。言いかえれば、沈黙が意味するのは同意だということだ。まるで、ほかのありとあらゆることを意味しうるときでさえ沈黙が意味するのはひとつのことだけだとでも言うかのように。「イエス」の反応を引き出すより「ノー」という発言を認める方が大変だとでも言うかのように。

伝統的にはレイプとドメスティック・バイオレンス、制度化されたミソジニーを分けて考えるのが普通だった。だがレイプされ、殴られ、路上で嫌がらせを受け、ストーカーに追われる女性たちは、しばしば正当な理由で殺されるのではないかと怯えるのだし、彼女たち、私たちの何人かは実際に殺されている。暴力の種類に区分を設けることは、ジェンダー・バイオレンスと呼ばれるものについて広範かつ深刻な事象として語る上では役に立たない。そしてあらゆるケースをジェンダー・バイオレンスと呼ぶこと自体、暴力は最終手段であって、ほかのさまざまな方法もあるということを覆い隠してしまう。一方沈黙をテーマにすれば、いかにある人々が他者を黙らせるかについて考えることによって、恥や屈辱、排除、価値を切り下げること、貶めること、脅迫、そして社会的、経済的、文化的、法的な手段を通じて権力を不平等に配分することについても考えることができる。

ドメスティック・バイオレンスの専門家、エヴァン・スタークは、ドメスティック・バイオレンスという語自体が正しくないと論じている。二〇〇九年の著書、『威圧的コントロール――男が女を私的生活に閉じ込める方法』において、スタークは書いている。

本書はサバイバーの視点から、女性に対する暴力を計画的で悪意ある行為として定義し直す。そのほとんどは個々の女性を支配しようとする男性によってもっぱら行われ、身体的暴力を他の三つの戦略と組み合わせることで成り立っている。脅迫し、孤立させ、コントロールすることだ。虐待傾向のある男性が与える最大のダメージは、物理的な暴力ではなく政治的なものであり、それは人間性と公民権に関する重要な権利とリソースを奪うことにつながる。

スタークはドメスティック・バイオレンスを誘拐に、その被害者を誘拐される子どもに例える。どちらも他の人々との接触を断たれ、移動の自由も金銭や車といった物資も与えられず、それに背けば家庭の独裁者によって罰せられる。もっとも危険なのは、威圧的コントロール下におかれた被害者が家を離れようとするときだ。多くは逃げようとしたために、もしくは自由を得ることに成功したために殺される。自由は安全ではないのだ。スタークは付け加える。

> 私が担当した女性たちは、自分たちが受けた仕打ちそのものより、自分の持つリソースを使って自分で何かをしようとすることをパートナーに禁じられていたことの方が重大だったと、繰り返し強調した。社会的なサポートも、プライバシーや自尊心、自律性に対する権利も、物質的な平等性も奪われていた。威圧的コントロールは、暴行罪というよりは自由を奪う罪なのだ。

二〇一六年に女優でフェミニスト・活動家のパトリシア・アークエットはこう語った。

> 女性は、十分な賃金をもらっていないことの波及効果を被っています。一日に一万人の女性が、ドメスティック・バイオレンスのシェルターに入所を断られています。ドメスティック・バイオレンスはしばしば、経済的抑圧という形を取ります。嫉妬

に駆られた男性が毎週あなたの給料を奪って一円も渡してくれなかったり、働くことを許してくれないかもしれません。虐待者の元に女性が帰っていく最大の理由は、経済的な不安定さなのです。子どもを養わなければいけない場合も多いです。

スタークの枠組みを拡大することで、女性に対する攻撃の多く――親密なパートナーのみならず、赤の他人や知り合いによるもの、政治家や政府によるものなど――が、威圧的コントロールとしての姿を現す。中絶だけではなく、避妊、家族計画や性教育を利用できることなど、性と生殖に関する権利に対して仕掛けられる終わりなき攻撃は、制度による威圧的コントロールの試みなのだ。ときには暴力の形をとることもあるが、威圧にはほかにも多くの手段があり、懲戒的で権利を否定するような法律群もそれに含まれる。胎児を体内に宿している女性の権利よりも胎児の権利にあえて重きを置こうとする立法府が、実際に女性の身体より男性や州の権利を重要視したとしても不思議はない。あるいは、避妊や中絶の手段を女性に与えまいとして、女性の自立性や自主性、セックスが何を意味するのかみずから決定し、自分の身体をコントロールし、母になることが多大に要求するものに屈服することなく悦びやつながりを求めたり、もしくは自分の意志で母になることを選んだりする権利全般を攻撃したとしても、不思議はないのだ。

広く行き渡ったジェンダー・バイオレンスや性暴力は自由と自信を奪い去る。そこでは脅しが生活の背景となり、頁ごとに付けられた脚注のように、空という空に浮かぶ雲のように、常に存在する中で生きていくしかない。それらはしばしば呼ばれるように「激情に駆られた犯罪」でもなければ、欲望によるものでもない。権力構造をコントロールし、強化し、押しつけようとする怒りによるものなのだ。多くのドメスティック・バイオレンスによる殺人は、その場を去ると表明した、あるいは去ろうとしたり、すでに去った女性に対する罰であったり、引き続きコントロールしようとする行為であったりする。誰かを殺すことはその自由を、自律性を、力と声を奪うことだ。何人もの男性が女性を暴力的に、あるいは暴力によらない方法でコントロールする必要があると感じていることは、彼らの信念体系と、私たちもその一部である文化について、多くを物語っている。

　近年では、ブラジルからカナダまで、レイプ犯たちが犯行の様子を撮影するようになった。動画はレイプ犯の全能性と、被害者の全能性の欠如を示す証拠として男性たちの間で出回り、結果として被害者たちはさらなる辱めを受け、自分のプライバシーと尊厳に対するコントロールを失うことになった（主流のヘテロセクシュアル・ポルノはこの筋書きを無限のヴァリエーションによって再演しており、楽しみどころはどうもヘテロ的な快楽ではなく、ホモエロティックな権力にあるようだ）。レイプのサバイバーの中には、こうした辱め《シェイミング》によって自殺に追い込まれる者もいる——そしてそれは性的暴行が、加害者にとってではなく被害者にとって恥ずべき事柄だと考えられがちであることについて、如実に物語っている。この手の動画が私たちに思い出させるのは、二つのあまりにも大きく異なる世界が並存していることだ。法のシステムにおいて閲覧されるときには動画は犯罪の証拠となるが、加害者グループの間で流通するときには、それらは男性性の規範に自分たちが従っていることを外部の人間に見せつけるためのものとなる。

その他の点では、法とレイプ犯たちにさしたる違いはない。多くのレイプ事件では被害者が裁判所や大学での法的手続きに召喚され、そこでは執行者たちが被害者を犯人扱いし、本質的に信頼できない人物とみなすような質問によって被害者の評判や価値を貶め続けている。詮索的でその場の文脈にそぐわない猥褻な質問、とりわけ性体験についての猥褻な質問によって被害者を攻撃しているのだ。ときに大学や法的機関の執行者たちは、被害者たちよりもキャンパス内のレイプ犯たちの将来を心配し、しばしば彼らの発言の方を信頼する傾向にあるように見える。そのため被害者たちは法的システムに協力することに消極的になり、結果としてさらに法的権利を失ったり、沈黙に陥ったりする。レイプ犯たちは罰せられることなくしばしば再犯し、犯した罪のために服役するのは彼らのうちたったの三％しかいない、そんな社会（アメリカ合衆国のことだ）が生み出されている。

こんな風に威圧的コントロールは、家庭内だけでなく社会レベルでも存在する。被害者の扱われ方や、疫病のように蔓延る暴力が広く容認されていることを通して、女性たちは自分たちには大した価値はなく、語り始めることによってもっとひどい罰を与えられるかもしれず、生きのびるためには沈黙する方がよりよい戦略なのかもしれないと教えられる。ときにこれはレイプ・カルチャーと呼ばれるが、ドメスティック・バイオレンス同様、その用語は多くの行動の背後にある動機ではなく、単一の行動に注目を狭めてしまう。「家父長制」の方が、より有用でさまざまな事象を含む語だといえるだろう。

爆発的に流行するキャンパス内でのレイプは、この特殊な犯罪を犯す者たちをどう見ても非主流派的な集団だと片づけることはできないと思い出させてくれる。ヴァンダービルトからスタンフォードまで、エリート大学のフラタニティが極端に悪質な行為の舞台となってきた。毎春最高レベルの大学から、罰せられなかったレイプ犯が新たに巣立っていく。こうした無感覚、共感《エンパシー》や敬意の欠如がものごとの周縁ではなく中心にあることを、彼らの存在は思い出させるのだ。

共感とは、他者の存在をリアルなものにし、他者のために、他者とともに感情を抱き、自分たちの存在を拡大し、開いていくための物語だ。共感せずに生きることは、ある種の可傷性に対する自己防衛のために、自分の、そして自分の人間性の一部を遮断したり、殺してしまうことだ。沈黙を強いること、聞くのを拒むことは、他者の人間性と他者とのつながりを認識することで成り立つ社会契約を断ち切ってしまう。

数十年前に出版された人種的リンチ現場の写真集を見ながら、こう想像してみた。この拷問の現場に子どもを連れてピクニックにやって来た白人たちは、みずからの無感覚と乖離を祝っていたのだ。レイプ動画やミソジニー的なポルノを作り、消費する者たちも、同じことをしているに違いない。私たちの人間性は物語によって作られる。あるいは、言葉と物語の不在において、想像力によって。あなたに起こったことを私はじかに感じられない。でも自分にそれが起こっていたらと想像し、自分に起こったことのように気にかけることはできる。こうして私たちはつながり、ばらばらにならずにいられる。これらの物語は沈黙に追いやられるかもしれないし、共感を生み出す声も黙らされ、価値を切り下げられ、検閲され、語りを不可能にされ、聞こえないものにされるかもしれない。差別とは、自分とはいくらか違っているという理由で他者に同一化したり共感したりしないようみずからを訓練し、そうした差異がすべてであって共通の人間らしさなどというものはないと信じることなのだ。

著書『愛と戦争――軍国主義によるセクシュアリティとロマンスの形成』において、トム・ディグビーは軍国主義的な私たちの社会において、男性は数えきれないほどの方法で兵士の慣習とスキルを身に着けるよう圧力をかけられていると論じる。[▼6] 他者の死や、自分自身もずたずたに切り裂かれ死ぬかもしれないという可能性に接して、兵士は心を閉ざしてしまう。個人的なものであれ集合的なものであれ、残虐行為を生きのびた者たちも同じことをするし、そもそも残虐なことをするのはしばしば、そうした行為に及ぶために心を閉ざしてしまった者たちであったりする。このような感情の麻痺状態をロバート・J・リフトンは、ヒロシマの生存者についての自作の題名にちなみ、「生の内の死」と呼んだ[7]。リフトンによれば生存者たちは心を閉ざすことで恐怖を生きのびるが、そんな状態を続けることでゾンビのような、生きながら死んでいる存在になってしまう。これはフックスの、男性による「心理的な自傷行為」をめぐる議論を思い出させる。問題はおそらく、生きているとはどういうことか、どうすれば本当の意味で生きられるか、だろう。

みずからを殺戮機械とするために、兵士たちは徐々に共感する力を手放していく。そうして彼らは戦地での任務に送り出され、しばしば語ることすらできないトラウマとともに故郷に送り返されてくる。トラウマについての素晴らしい著書、『魔の時間』において、デイヴィッド・モリスは語っている。「トラウマが人を蝕む力のひとつは、語りを破壊することにある。書かれたものであれ語られたものであれ、物語には語り手と聞き手の双方を癒す大きな力がある。トラウマ的ではない通常の記憶は、所有され自己の継続的な物語へと組み入れられていく。こうした記憶はある意味家畜のようにコントロールすることのできる従順なものだ。逆にトラウマ的な記憶は、野犬のように群れから離れて立ち尽くし、牙をむき、乱暴で予期せぬ動きを見せる」。

レイプの被害者と兵士たちには多くの共通点があるとモリスは語る。トラウマは人生の物語をばらばらにしてしまう。それは記憶を断片化させ、ときには語り手にとってすら信頼できる物語として認識できないものにする。レイプやその他の残虐行為のサバイバーたちもまた、断片化した物語を語るせいで信用も信頼もできず、当てにならないと思われてしまう。ゆえにレイプは自己とその物語を遮断しようとする行為なのであり、ときにはそれに続く法的手続きが、一貫性のある物語として自己を再構成することを強いることもある（ただし、一貫性がありすぎてもいけない。証言を成功させるには、あまりに冷たく客観的でも、過度に感情的でもダメなのだ）。法律分野で働く友人によれば、多くの女性が性的暴行について通報するのは、利他主義的な理由からだという。ほかの誰かに同じことが起きるのを防ぐためにそうするのだ。ときに彼女たちは、最初に声を挙げた人物の証言を支えるために行動する。声を挙げるということは、言いかえれば、共感を示す行為なのだ。

モリスは続ける。「レイプがもっとも頻発し、大きなトラウマを与えるものであるにもかかわらず、ＰＴＳＤ研究の多くは戦争のトラウマや退役軍人に集中している。ＰＴＳＤについて我々が知ることの多くは、男性を対象とした研究に由来するのだ」。言いかえれば、トラウマで苦しんでいるのは誰なのかについて沈黙することで、さらなる女性の沈黙につながるわけだ。沈黙の上に沈黙が積み重なり、物語に戦争を挑む沈黙の都市が築かれる。多くの市民が、沈黙させられた者たちに受け入れられようとして、みずからをも沈黙させる。誰もがぎくしゃくとすれ違うばかりで、互いに与えられるのは沈黙と、つながりを避ける能力だけだ。物語に抗して、ダムと護岸が築かれる。だがそれらはときに決壊し、洪水が都市へと押し寄せる。

III. 沈黙と檻

文字通り沈黙する者たちがいる。

「ああ、いかにわたしが叫んだとて、誰がそれを聞こう？」ライナー・マリア・リルケの『ドゥイノの悲歌』は、この一節で幕を開ける。[8] そして、誰の声も、自分の声すらも聞こえず、知識を抑圧し、忘却の淵に追いやり、葬り去ることで、自分自身の存在すら葬る者たちがいる。沈黙を探していくと、たいてい見つかるのは死者たちだ。誰がその声を聞こう？　人々は死者たちにさらなる罰を与えるだけだ。児童に対する性犯罪を扱う検察官の職務の一環として児童ポルノを見た経験について、サラ・チャンは書いている。特筆すべきは、被害者の沈黙だという。

動画という動画に、沈黙の苦しみが映し出されるのを見た。後になって、これが若年の虐待被害者の典型的な反応だと知った。沈黙は子どもたちの無力さを伝えている、と精神科医たちは語る。被害者は事件を通報することにもしばしば消極的で、虐待者の要求を受け入れる傾向にあるという。虐待について明らかにした場合でも、その証言にはしばしば矛盾が見られ、ときには告発を完全に撤回するか、沈黙に戻ってしまうこともある。

彼女が語っているのは、叫んだら殺すと兄弟に脅された被害者のケースだ。マヤ・アンジェロウは、七歳のときにレイプされてから五年間沈黙していた。[9]

バリー・ロペスは子どもの頃、何年にも渡って家族の友人にレイプされ続けた。[10]

その男はおだやかに、しかし決然として、自分は医者で、きみには治療が必要だと言った。この問題を明らかにして母親をよけいに心配させてはいけないとも。折に触れて、たいてい家路に着く車の中で、もしこれを誰かに言って治療が止まるようなことがあれば、きみを施設に入れるしかないだろう、とシアーは言った。(中略)彼が自分をそう呼んだように、勇敢な少年でい続けるのが一番いいのだろう、と私は思った。

何年もの間、ロペスは沈黙を強いられた。十代半ばでついに打ち明けたときも、継父はうろたえ、彼の話を信じないことにした。公的な場で自分の苦しい体験やそこから生じたトラウマについて語るようになるまで、半世紀あまりかかった。

口が語らなくても、ときに身体が語ることがある。沈黙の証言。
暴力的な前夫と、その暴力に対する自分の反応が揺れ動くさまについて、ケリー・サンドバーグはこう書いている[11]。

> 引っ越して二年した頃、私は大学院に入り、ついに友だちも何人かできた。でも友人たちと過ごすのは難しいことだった。嘘をつかなくてはいけなかったから。ドアに腕をはさんだ。絨毯に足を引っかけてテーブルに頭を打った。なんで痣ができたのかわからない。寝ている間にやったのかも。貧血なんだと思う。すぐに痣になるのよね。
>
> 　いつかケイレブがこう言ったことがあった。「どうやって痣ができたか、誰かが見つけてくれたらいいと思ってるんだろ。誰かが見つけてくれたら、状況が変わるって」。その口調はとても悲しげだった。

顔をぶたれたのは一度だけだった。赤い痣が頬に広がり、まぶたが切れて出血していた。しばらくあって、ふたりとも疲れてバスルームの床にへたりこんだ。「君のせいで顔まで殴っちまった」と、悲しそうに彼は言った。「もうみんなにバレるに決まってる」。

彼女は沈黙していた。でもその顔は物語っていた。真実は夫にとって、結婚生活にとって脅威であり、あくまで他人事として周りがあれこれふたりの関係について想像しているようなことを壊してしまいかねなかった。サンドバーグは沈黙を破ってそのことについてエッセイを書き、それは高く評価されただけでなく、ほかの人々が配偶者や親からの暴力について語るきっかけを作った。単声はコーラスへと変化した。

虐待やハラスメントのおそろしい側面のひとつは、裏切りに当たるのは犯罪行為ではなくて、犯罪行為について証言することだ、という考えだ。口外してはいけないことになっているのだ。虐待者たちはしばしば、相手に沈黙を要求する権利が自分たちにはあると決めつけ、一方的な仕方で保護を施すのが当然だと思いこむ。他の人々もしばしば同じような思い込みを押しつける。被害者たちがキャリアや家族をめちゃくちゃにすることを選んでいると解釈するのだ。その選択をしたのは、加害者の方なのに。

聞き手がいなくても、声を上げることもある。

二〇一五年にスタンフォード大学の学生が、意識がない状態の女性を性的に暴行した。公判で女性は証言した。「考えまいとしたのですが、それはあまりに重い体験で、話すことも、食べることも、眠ることもできなくなり、他人とかかわるのもやめてしまいました。仕事が終わると、人気のない場所まで車で行って、叫んでいました……」。なぜか彼女は、自分のトラウマや怒りには行き場がなく、叫ぶのを人に聞かれてはいけないと思わされていた。でもその後、世界中の人がその声を聞いた。彼女は加害者に手紙を書き、法廷で読み上げた。その裁判記録は、二〇一六年六月には、レイプとその顚末を語った一人称の記述の中でおそらくもっとも広く参照されたものとなった。女性は奪われた声を取り戻し、もう一度人間らしく生きられるようになったのだ。言葉で加害者の周りに檻を築き上げ、軽い気持ちで行った悪行を記録する石碑を建てた。その言葉は生涯、男について回ることだろう。声は力になったのだ。

彼女は沈黙を破った（レイプの被害者はしばしばそうだが、恥や恐怖のため匿名ではあった）。男とその言い逃れや嘘については怒りとともに辛辣に語ったが、最後の言葉には優しさが込められていた。「すべての女の子たちへ。私はあなたとともにいます。あなたが孤独を感じる夜、私はあなたとともにいます。あなたが疑われたり退けられたりしても、私はあなたとともにいます。私は日々、あなたがたのために闘いました。だから決して闘うことを止めないでください。あなたがたを信じています。……あなたがたを沈黙させることなど、できません」。「**私がついています**」は、共感に満ちた声であり、私たちが互いから疎外されていないことを示す言葉だ。

叫んでも聞いてもらえない者もいる。

通り魔にレイプされ刺殺されながらも、周辺のアパートの住民たちがその叫び声を無視したという悪名高いキティ・ジェノヴィーズの事件は、傍観者の無関心についての神話的ともいえる実例だ。キャサリン・ペロネロは二〇一四年に事件を再取材した。ペロネロの著作の書評で、ピーター・Ｃ・ベイカーはこう指摘した。

> ペロネロによれば、ジェノヴィーズが殺害されたのと同じ月、ＵＰＩ通信社は、クリーヴランドの判事が「妻の帰宅が遅ければ、夫が妻を殴って目の周りに痣を作ろうが歯が抜けようが構わない」という裁定を下したと報じた。ペロネロは多くの目撃者の発言も網羅的に引用した。目撃者たちは、何の行動も起こさなかったことを、女性の世界における位置づけと結びつけておおっぴらに正当化していた。「痴話げんかだと思ったんだ。男が自分の女を殴ってるものとばかりね。それで女房と俺はベッドに戻ったのさ」。

ベイカーはこうコメントしている。

> 事件は何度となく大学教授や専門家たちによって語り直されてきた。その語りは決して、女性に対する暴力の特殊性にも、法と文化が複雑に絡み合ってそうした暴力をはびこらせていることにも触れはしなかった。代わりにそれは人間の「本性」についての古典的な物語になった。似たような物語の多くがそうであるように、人間の行動や経験の機微については何一つ語られなかった。

つまり、このようにして語り直された物語は、ジェノヴィーズの、そしてほかの多くの女性の死の真の原因についての沈黙で満たされたノイズのようなものだった。

嘘つきだとか、思い込みが激しいとか、悪意や混乱や狂気で物事をでっち上げているとか糾弾される者もいれば、信じてもらえはしても、自分の苦しみや権利には何の重みもないと告げられる者もいる。

何年も前のこと、私の母は、夫、つまり私の父に殴られていると警官に相談したことがあった。警官は陳腐なアドバイス――立派な夕食を作りなさいとか、そんなことだったと思う――をして、こういうのは法が関わるような類の暴行ではないと、はっきり示した。語ったところで無駄だった。ドメスティック・バイオレンスについての一九七六年の著書の中で、レズビアンの権利を求める活動家、デル・マーティンは語った。この話題についての沈黙がいまにも破られんとしていた時代、「女性たちは夫の残虐さに黙って耐えていた。頼りになる人も、逃げ場所も持たなかったからだ[3]」。フェミニズムは法を変えた。だが警察に頼ったところで、その組織内ですら高確率でドメスティック・バイオレンスが発生しているのだし、接近禁止命令を出す方法にしても限定的なものしか存在しないので、失敗に終わることが多い。

語り、信じてもらい、その結果として消えてしまう者もいる。

多くの共同体には秘密の聖域としての女性のシェルターがある。暴力を受け、家を失い、パートナーの暴力で世の中に居場所がほぼなくなってしまった女性たちが消えていく場所だ。多くの女性たちが、自国にいながら難民のように暮らしている。家屋と生活から消え去ることを強いられ、秘密の場所で秘密の暮らしを送る者たちも多い。「駆け込み寺」とかつては呼ばれていたシェルターは、一九七〇年代に急増した。ドメスティック・バイオレンスの被害者のすべてを収容できる規模ではないにしろ、北米と英国に何千もの施設がある。離婚後、母は何年もそうした施設のひとつでボランティア活動をし、会計を担当していた。

そして語っても、法により沈黙させられる者もいる。

『人魚姫』はハンス・クリスチャン・アンデルセンによって書かれた。アンデルセンは多くの点において風変り《クィア》で、人と接するのが苦手で、長身で、性的に曖昧な人物だった。農家の女の私生児だったが、貴族のお気に入りになった。『人魚姫』は人魚が声と引き換えに、地上で暮らすチャンスを手に入れるという物語だ。言葉を失くした人魚は、脚のある姿で海から現れる。同じアンデルセンの『白鳥の王子』に出てくる沈黙させられたヒロインと同じく、人魚は自己主張などしてはいけなかったし、できなかった。二〇一一年、マンハッタンの高級ホテルの掃除人、ナフィサトゥ・ディアロは、国際通貨基金専務理事ドミニク・ストラス=カーンに性的に暴行された。ディアロはメディアによって悪者扱いされ、見解を軽んじられ、検察は起訴を取り下げた。しかし民事訴訟ではストラス=カーンと合意に達した。類似する他のケースと同様、和解金がいくらであったかについては沈黙が守られた。

センター・フォー・パブリック・インテグリティ（CPI）は二〇〇九年にこう報じた。「しかし、性的に暴行された学生の大多数――九五％以上――が沈黙する一方、米国司法省調査部門の支援を受けた研究によれば、告発に踏み切った人々は謎めいた訓戒手続きや秘密の学内処分を下され、記録に残らない交渉を強いられた」。ヴァージニア大学の告発者たちは、連邦政府が介入するまでは、事件について何も語ってはいけないと言われ、学則違反を犯すリスクを迫られた。二〇一五年のバズフィードの記事によれば、「バード・カレッジの卒業生が米国教育省に、この週正式な不服申し立てを提出した。ほかのどの場所でも暴行について口外しないという同意書にサインしない限り、大学運営側とレイプ被害について対話することを認められなかったという」。

二〇一三年、オクシデンタル・カレッジを告訴した三十七人の学生および卒業生のうち十人が金銭の支払いを受け、ただし連邦政府の調査に結びつくキャンペーンを展開した学内団体、オクシデンタル性的暴行被害者連合への所属を禁じられた。金で沈黙させられたのだ。犯罪学教授、ダニエル・ダークスは、ロスアンジェルス・タイムズの取材にこう語った。「女性たちに沈黙を強い、学内活動への参加を禁じることは、オクシデンタルにとって恐ろしい結果を招くかもしれない。女性たちが告発に踏み切る理由のひとつは、ほかの暴行被害者たちも自分たちの受けた被害についてオープンに語れるようにするためなのだから」。

沈黙を強いられることを含む勝利とは、一体何なのだろう。あるいは、沈黙に戻ることを強いられる、と言い直した方がいいのか？

被害者を沈黙に追いやる方法はほかにもたくさんある。馬鹿にしたり、脅迫したり、発言の価値を否定したり、社会的に追放することだ。

最近になってレベッカ・ドナーは、オンライン・マガジン「ゲルニカ」で沈黙を破った。十代の頃叔父にレイプされたこと、母親に問い正されても何も言えず、頷くしかできなかったこと、起きたことについて家族が彼女を責め、信じようとしなかったこと、被害者を責めるという、よくある認知的不協和について語ったのだ。「起きたことは忘れろと言われた。黙っていろとも。そしていまのいままで、良い子になって黙りこくっていた」。世の中には数多のこうした物語があり、そのどれもが独自の悲しみに満ちた細部を持つ一方、否定と沈黙を迫るパターンはいつも同じだ。

恥が沈黙を強いる。

沈黙は私たちの大半が過去に抱えていた、もしくは現在も抱え続ける重荷だが、より大きな沈黙に陥る者もいれば、沈黙を押しやり、棄て去り、手放すことに長けていて、とてもうまくそうできる者もいる。十四歳のときにソルトレークシティの自宅から誘拐され、その後数カ月に渡ってレイプされ続けたエリザベス・スマートは、みずからが受けてきた、とにかく禁欲せよという類の性教育のために、結婚前にセックスした人間は無価値で汚れていると思わされていたと語った。「いとも簡単に、自分なんか大事ではないと感じてしまうのです。もう生きていても仕方ないと」。自分には価値がないという感覚のために、彼女は長いこと監禁され、何の希望もない状態で、そこから逃れてまともな生活に戻ることなどありえないと思っていた。キャンパス内での反レイプ運動が起こった理由のひとつは、被害を生きのびた者たちが恥の意識によって押し黙らされることを拒絶し、心理的に恥を感じること自体は否定しないまでも、恥ずべきことが自分に起きたという立場を取ることを拒んだからだ。

礼儀正しさもまた沈黙を生む。

私たちが礼儀と呼ぶものは、しばしば自分より他人の快適さを優先させるよう訓練することを指している。他人の快適さを乱してはいけないし、何が起こっていようとそんなことをするのは間違っている、という考えだ。何十年も前、ラジオで聴いたある短編の朗読が、いまも頭に焼き付いている。ニューヨークの地下鉄で痴漢に遭った女性による一人称の語りで、彼女は痴漢が悪者扱いされることも、彼に不快感を与えることもなく逃げるにはどうしたらいいか考えていたのだった。礼儀正しく、人を安心させ、愛想よく、脅威を与えないようにという教えがどれほど私たちに深く染みついているか、その教えがどれほど生きのびることを難しくしうるかを皮肉に物語る事件だ。二十代前半の頃に起きたある出来事を覚えている。真夜中に通りでおそろしい男に脅されたのだ。

当時の自分は行き交う車を停めて助けを求めることも、騒ぎを起こすことも思いつかなかった。歳を取ったいまは、自分の判断や権利に自信を持ち、もめ事になるのも厭わず対応できるけど。礼儀正しさや自己懐疑、沈黙を内面化することで、若い女性はよりたやすく標的になってしまう。哲学者マーサ・ヌスバウムは、一九六九年にハーバードの大学院に入学した。最近になって彼女は、当時を振り返って語った。指導教官が「腕を伸ばして胸を触ってきたとき……、恥をかかせないようにそっと払いのけた」と。

沈黙は法的に無力な状態も指す。

二〇一五年の同性婚訴訟の審理中、連邦最高裁判事ルース・ベイダー・ギンズバーグは一九八二年の最高裁のケースを取り上げた。ロバート、ケネディ両判事が、何世紀にも渡る伝統に異議を唱える権利が法廷にはあるのかと訴え出したとき、「今日の結婚は、判例法や法廷法の下での伝統的な結婚とは異なっています」と、ギンズバーグは答えた。「結婚は支配的な男性と服従する女性との間の関係でした」と、彼女は続けた。「一九八二年にこの最高裁がルイジアナ州のヘッド・アンド・マスター法を違憲とした結果、そうした結婚は終わりを告げたのです」。

史上二人目の女性最高裁判事だったギンズバーグがここで言及しているのは、夫婦の共有財産に関して、妻の認識や同意を得ることなく決定を下す権利を夫に全面的に与えたルイジアナ州の「家長と主人《ヘッド・アンド・マスター》」法のことだ。その先例となる訴訟の中には、娘を性的に虐待したかどで訴えられた際に、保身のために妻が自分の収入で購入した家を抵当に入れた男性のケースも含まれていた。自宅の処分についても、自分の収入についても、人生の成り行きについても、妻には一切発言権がなかったのだ。自分のものか、少なくとも共有財産であったはずのものは、すべて夫だけのものだった。

語り、証言するのを拒むことで、個人と社会は権力と権力者に服従する。

目撃者が証言を拒めば、ある人が権利や主体性、身体的自主権や生そのものを失うことに同意するのと同じことになる。沈黙は暴力を守る。社会全体が沈黙してしまうことだってある。トルコにおけるアルメニア人の大量虐殺同様、罪について発言することは自分を危険に晒しかねず、違法ですらある。作家オルハン・パムクは、教科書や公的な記録には書かれていない罪について語ったために、「トルコ人のアイデンティティを侮辱した」かどで起訴され、国外退去を余儀なくされた。

特定の人々を沈黙させるための決まったやり方というものがあるが、女性が語る場を縮小させ、女性の声よりも男性の声の方に重みがあることを隠そうとしない文化というものも存在する。この現象をよく知っていて、それについて証言できる人々の声を聞こう。

古典文学に登場する予言者テイレシアースは、罰を受けて女性に姿を変えられ、そのまま七年を過ごし、再び男性の姿に戻る。ジェンダーとセクシュアリティに関する直接の証言を求めて、神々は彼のもとを訪れた。現代ではトランスの人々が、性役割が押しつけられ再強化されるさまをつとに知る証言者たちだ。十年以上前に証言者として大きな衝撃を与えたのは、スタンフォード大学の生物学者で、かつてはバーバラ・バレスとして知られたベン・バレスだ。二〇〇六年にバレスは「ネイチャー」誌に、科学界で女性として経験した偏見の数々を記した。自分より劣る男性候補者相手に特別奨学金をさらわれたことや、ボーイフレンドに数学を手伝ってもらったのだろうと言われたことなどだ。女性だったときの自分をいまの自分の妹だと勘違いした男性から、妹より優秀だねと言われたこともある。いくつかの事柄は、言われた当時は気づかなかった。

そしてよき科学者らしく、彼は注意深く観察した。「寓話というものはしかし、データではない。だからこそジェンダー・ブラインドな研究が非常に重要なのだ。これらの研究結果によれば、多くの選考プロセスでは、女性やマイノリティーの候補に対する基準は無意識のうちに異常に高められるため、選考を勝ち抜ける者はほとんどいない」。彼が発言したのは、女性より男性が数学や化学の分野で秀でているのは生まれ持った生物学的適性の差異のためだとする、ハーバード学長のラリー・サマーズによる、二〇〇五年の発言に反論するためだった（当時ガーディアン紙はこう記していた。「サマーズ学長の就任期間に、女性に与えられた終身雇用の仕事は三六％から一三％に落ち込んだ。昨年は女性を対象とした終身雇用の公募は三十二件中四件にとどまった」）。個人的体験についての補足で、バレスは皮肉をこめて言った。「断言するが、もっとも大きな違いは、私がトランスジェンダーであることを知らない人ほど、敬意をもって接してくれたということだ。男性に遮られることすらなく発言を終えることができるくらいだ」。

物理的にも地理的にも、概念の上でも会話の中でも、男性と女性は異なる種類と大きさの空間を与えられている。映画には顕著に言えることだが、実生活にもこれは当てはまる。

二〇一〇年にジーナ・ディヴィス・メディアにおけるジェンダー研究所は、家族向けハリウッド映画についての三年間に渡る統計について報じた。「G（誰でも鑑賞可）レートの映画では、台詞のある登場人物のうち三二・四％が女性であり、PG（保護者の監督・指導が必要）映画では三〇％、PG13（十三歳以下が鑑賞する場合、保護者の監督・指導が必要）映画では二七・七％が女性だった。千五百六十五人のクリエイターのうち、女性の監督は七％のみ、脚本家は一三％で、プロデューサーは二〇％だった」。二〇一四年、研究所は世界中で公開された大作映画上位十本について新たに調査を行った。それによれば、台詞と名前がある登場人物の三分の二は男性であり、「少女や女性が主役か、他のメインの登場人物とともに始終物語に登場する」のは十作品のうち四分の一以下だった。

二〇〇七年から二〇一四年にかけて制作された映画のうちもっとも興行成績のよかった七百本を対象とした、南カリフォルニア大学アネンバーグ・コミュニケーション・ジャーナリズム大学院による類似の研究によれば、「二〇一四年にもっとも人気のあった百本の映画のうち、二十一本では女性が主演しており、二〇〇七年のトップ作品における二十本という数字とほとんど変わらない。二〇一四年のトップ作品のうち、女性が監督したのは二本だった。二〇〇七年には三本だった。分析対象となった七百本のうち、アフリカ系アメリカ人が監督したのは三本だった」。二〇一四年のトップ一〇〇に入った作品で、四十五歳以上の女性が主演したものは皆無だった。「ポリグラフ」誌による二〇〇〇本の映画を対象とした二〇一六年の調査では、全体の八八％で男性が主役を演じていた。

スクリーンに女性が登場するときでも台詞があるとは限らないし、台詞があってもお互いと会話することもなかったり、映画の中心人物の男性たちについて会話しているだけだったりする。グラフィック・ノヴェリストのアリソン・ベクデルは、いまやベクデル・テストとしてよく知られる指標を考案した。映画には二人以上の女性が登場して、男性以外のトピックについてお互いに会話しなければならないというものだ。バカみたいに低い基準だが、多くの映画はこれすら満たしていない。最近の調査によれば、オリジナルの『スター・ウォーズ』三部作では、三百六十八分の映画の中でレイア姫以外の女性登場人物が話したのは六十三秒間だったという。六十三秒間というのは映画三本の女性三人の発言を合わせたもので、全体の長さの一%をさらに三分の一にしたくらいの長さでしかない。

でもこうした映画は少年映画とか男性映画とは呼ばれず、私たち全員のための映画ということになっている。似たような形で女性の登場人物に多くの時間を割く映画はいつだって、少女映画とか女性映画とか呼ばれるのに。男性は共感を広げて別のジェンダーに同一化することを期待されてはいないのだ。白人が、非白人の人々とは違って、別の人種に同一化するよう求められることがないのと同じだ。支配的な人間には、自分は見えても他者は見えない。特権が想像力を制限したり妨害したりするからだ。

語るための空間と公共空間は折り重なっている。何千年もの昔から。

古典学者メアリー・ビアードは、千年紀に渡るジェンダーの地勢を分析してきた。[12] 二〇一四年の画期的なエッセイ「女性の公的な声」で、ビアードは女性を沈黙させることの歴史は西洋文学の歴史と同じくらい古く、『オデュッセイア』でテレマカスが母ペネロペに黙れと告げる場面に始まると述べている。夫が呑気に地中海を彷徨いながら女と寝ている間にも、ペネロペはすでに貞節を守って家に閉じこもり、求婚者たちの突撃に耐えているというのに（ペネロペが自律性を謳歌するフェミニスト・ヴァージョンを想像してみてほしい。幾人かの求婚者たちを恋人にしているか、夫の帰りなど待っていないかもしれない。マーガレット・アトウッドが『ペネロピアド』においてこのヴァージョンのひとつを試みている）。ビアードはいかに声を持つこと、しかも太くよく通る声を持つことが男性性にとって必須であり、公共空間とは男性の空間であったかについて書いている。「公的な場で話す女性は、たいていの場合において、定義上女性ではなかった」。

ソーシャル・メディアの勃興とともに、彼女自身がもっとも攻撃される公人となった。

> 伝統的に男性のものだった分野に踏み出す場合、女性としてどのような立場を取るかといったことは大した問題ではない。いずれにしろ攻撃されるからだ。自分が語る内容のせいではなく、それを言うのが自分だというだけで攻撃されるのだ。それは脅迫の具体的な細部にも当てはまる。思った通りの形で、レイプや爆破、殺人などの文句が並ぶ。脅迫のかなりの部分が、女性を沈黙させる意図に貫かれている。「黙れビッチ」はかなりよくある言い回しだ。さもなければ、女性の語る能力そのものを取り去ると言ってくる者もいる。たとえば、「切り落とした頭をレイプしてやる」とツイートされたこともあった。

数多のケンブリッジ大学の男性古典学教授たちと彼女を分かつのはおそらくここだろ

う。二〇一六年四月、ニューヨーク・タイムズ紙にビアードはこう語った。「女性の沈黙を求める男性の文化的欲望からは、逃れる術がありませんでした」。

女性はしばしば、ビアードが語っている類の公的生活に参入するには不適格だと判断される。

公的生活や職業生活から女性を排除する方法は数えきれないほどある。エンジニアリング業界で働く女性たちは、いかに自分たちがトレーニングや意義ある役割を与えられずにいるかについて語る。チェスの競技会に参加した女性たちは、セクシュアル・ハラスメントや侮辱について語る。他のさまざまな分野で活動する女性たちの口から、同じ物語が湧き上がる。政界の女性たちは、外見や声をけなされ、野心的だとかフルタイムで家族の世話をしていないとか（あるいは家族がいないだとか）批判される。「生意気な《アピティ》」という言葉がアフリカ系アメリカ人を形容するためにとっておかれるように、「キーキー言う」とか「偉そう」といった語は女性のためにとっておかれる。女性性はリーダーシップと結びつかないものなので、政界の女性たちは女性的すぎてはいけないことになっているが、男性性は彼女たちの特権ではないので、男性的すぎてもいけないことになっている。このダブル・バインドのせいで彼女たちは存在しないカテゴリーに自分たちを押し込めることになり、必ずどこかで踏み外しているような人物であることを強いられる。私が関知する限りでは、女性である時点で彼女たちは恒久的に間違っているらしい。家父長制が続く限りは。

殺虫剤の破壊的な効力について警鐘を鳴らしたレイチェル・カーソンの一九六二年の画期的な著作、『沈黙の春』がどのように受容されたかを調べるたびに、カーソンがヒステリックで、感情的で、不適格な人物として片づけられていたさまを目の当たりにしてショックを受けた。本書を書きながら別のリサーチをしていて、『沈黙の春』が出版された当時、ある男性が口頭で語ったのを記録した文章を読んだ。自然保護団体シエラ・クラブで役員を務め、カーソンをおそらく一九六〇年代でもっともよく知られた環境学者にしたといえるその男性は、こう言った。「名前は思い出せないんだが、科学者じゃない女が、ひどい殺虫剤について何か書いていたな」。修士号を持ち、経済的な理由によってジョンズ・ホプキンズ大学の動物学と遺伝学の博士課程を続けることができなくなりはしたが、科学者として連邦政府とウッズホール海洋研究所で勤務したカーソンについて彼が言いたかったのは、彼女が「科学者じゃない」ということだけだった。

これは過ぎ去った時代について老人が語ったことに過ぎないが、どんな適性を持っていようと女性はとにかく不適格なのだという考えはカーソンの時代同様にいまでもありふれている。調査報道ジャーナリストのスキ・キムは北朝鮮の状況について報道するため覆面捜査を行ったが、出版社は二〇一四年の暴露記事を回想録として色付けすることに固執した。公的かつ集合的な生活についての著作はマーケティング上の理由から個人的な旅行記に置き換えられ、それは女性は私的な領域に属しており、その外には出られないという考えに基づいてもいた。二〇一六年に「ニュー・リパブリック」誌でキムはこう書いた。

> あの本をプロの仕事としてでなく私的なものと捉え、史上初の試みを行った記者ではなく自己発見の旅に出た女性として売り出されることで、私は自分が一番よく知っている主題についての専門知識を実質的に剝ぎ取られてしまった。微妙な変化ではあれ、どんな分野で働く女性にとっても身に覚えのあることだ。自分が何を知っているか、という問いが意味を持つ専門的な立場から、自分がどう感じたか、という感情的な領域に失墜してしまったのだ。

他者について考え、他者を知ろうとする活動から締め出され、彼女は自分の感情のうちに閉じ込められてしまった。まるで他人と競うだけの力を持つのは、自分について語るときだけであるかのように。

女性がこんな風に囚われることは、女性が家庭と私的領域に閉じ込められ、公的生活は男性だけのものだった古い時代の秩序を反響している。必然的にしばしばなおも導き出されるのは、男性を感情的で私的な生活から締め出すことだ。どちらの領域も大事ではあるが、経済的、政治的、社会的な権力は、公的領域のどこに自分が位置しているかにかかっている。革命とは誰もが自由に移動できるようになるためのものだ。それはいまだに完結しておらず、いまもその途上にある。革命はあらゆる地図を塗り替え、さらにもっと多くのことを変化させる。

IV. 洪水に飲まれた都市

沈黙についての小説を私は書きたい。
人々が語らない事柄についての小説を。

ヴァージニア・ウルフ[13]

フェミニスト文学はこうした沈黙の性質や原因や効果を分析するものとして、一九七〇年代から一九八〇年代初頭にピークを迎え、沈黙をめぐる数々の文章を生み出した。メアリ・ウルストンクラフトと十九世紀のフェミニストたちは、教育からの排除をはじめとする女性の排除と力なき状態について語った。[14] 女性参政権運動家《サフラジスト》たちは、参政権を持たないことは政治的に沈黙させられ、完全な公民権や自己決定権を与えられず公共空間から排除されることだと指摘した。シャーロット・パーキンス・ギルマンは一九一一年に女性についてこう語った。[15]「(女性は)数多の制限に縛られてきた……無知であることを強いられた女性たちがいま突然に、姿を現している」。一九一八年には英国で、一九二〇年には米国で、女性は参政権を得た。女性たちは依然としてあまりに多くのものを手にしていなかったし、沈黙をめぐる思索は続いていた。

ヴァージニア・ウルフは二本のエッセイにおいて警鐘を鳴らしていた。そのうちより有名な『自分ひとりの部屋』は一九二九年に出版された。その内容は、女性がものを書くとき、さらにそこから転じて声を持つときに被る実用的、経済的、社会的、そして心理的な制限を主題とした、同年のふたつの講演に基づいていた。だが、どんな声を彼女は持ちえたのだろう。半世紀後、アドリエンヌ・リッチはこう書いた。[16]

> わたしはそのエッセイの、努力を傾け、力を振り絞り、執拗なまでに手探りを続けるような語調に驚かされた。聞き覚えのある語調だった。自分や、ほかの女性がそれを使うのを耳にしたことがあった。それはみずからの怒りについてほぼわかりきっている女性、部屋に男たちが居並ぶなか、自分の全体性を侮辱するような言葉が発せられても、決して怒っているようには見せまいとし、努めて冷静で、客観的で、魅力的ですらあろうとする女性が用いる語調だったのだ。ヴァージニア・ウル

フは女性読者に向かって語りかけている。だが常に彼女がそうであったように、男たちにその声が漏れ聞こえることを鋭く意識してもいるのだった。

ウルフの「女性にとっての職業」は、一九三一年に女性奉仕国民協会で行われた講演を元にしており、リッチが批判した（そして女性の声というもの自体しばしば批判されるものだが）説得力のある声ではなく、もっと別の声、気持ちを落ち着かせるような声についてのエッセイだった。女性が内面化している、愛想よく、やさし気で、相手が喜ぶことを話すようにという教えが本当の声や思い、真の自己を封じ込めてしまうさまについて、彼女は語っている。広範囲に渡って沈黙のホワイトノイズを浸透させるような話し方があるのだと、ウルフは言う。決まりきった言葉、安心させるための言葉、丁寧な言葉や否定する言葉。それらは沈黙を永続させるシステムにとっての潤滑油のようなものだ。あなたが語るのは自分のためではない、他人のためだ。女性の内なる声がこう語りかけるさまについて、ウルフは書いた。「思いやりを示しなさい。やさしくありなさい。褒めたたえ、欺きなさい。わたしたちの性が持つありとあらゆる技術と謀略を用いるのです。あなたに自立した精神があるなどと、決して誰にも思わせてはなりません」。彼女はその声を家庭の天使と呼び、自分が声を持つために、已むに已まれず天使を殺したと言ってのけた。沈黙を破るために、殺したのだと。

半世紀後、その著書『ポルノグラフィーと沈黙』において、スーザン・グリフィンは、マリリン・モンローを評したノーマン・メイラーの言葉を引用している。[17]「モンローは、彼女を見つめる者たちの快楽を映し出す鏡なのだ」。つまり、モンローは姿を現し、言葉を発するが、彼女がどのように表れ、何を言おうが、それは自己表現でも自分のためでもなく、ほかの誰かに奉仕するためだということだ。グリフィンは書いている。「メイラーは象徴的な彼女のありようが仮面に過ぎないことを知りつつ、仮面の背後にあるものを見ることを拒絶している。そして、もしこのもうひとつの自己、失われ侵害される自己というものがなければ、この女優の人生は悲劇的なものではなかったろう」。それは、いかにある人物の姿が見えていて、その声を聞くことができても、その人物が同時に沈黙させられていることもある、という分析だった。

　モンローが演じていたのは、ほかのあらゆる女性たちだったともいえる。男性の快楽や、承認や、慰安や力の強化を求めて、沈黙し、姿を隠し、自己を偽り、みずからの一部と自己表現を否定するすべての女性たち。これはエロティシズムについての話ではない。いかに女性が、職場や学校や街角で、男性の期待に沿って行動することを学び、自信がありすぎたり、指導的だったり満たされた存在だったりすると罰せられると知っているかについてだ。似たようなことはほかにもあり、たとえば友人のガーネット・キャドガンは、黒人として公的な場で強いられるふるまいについて、雄弁かつ痛切に書いている。白人の恐怖を和らげ自分の身を守るためには、「犯罪者でもなく脅威でもない」自己を延々と演じ続けなければならない。黒人として、女性として、他人に奉仕する義務を二重に果たさなければならないのだ、と。

モンローを快楽の鏡と呼んだメイラーは、快楽が常に他者のものであった場合どうなるかを問おうとはしない。それは快楽として偽装された快楽の死であり、他人に奉仕するために自己を死に至らしめることだ。無に歓びを与える行為に包まれた沈黙だ。一九六二年に若くして亡くなったモンローの、メイラーによる描写は、男性の「心理的な自傷行為」についてのベル・フックスの考察につけられたブックエンドのようなものだ。それは傷ついた自己を持つ者たちの欲求を満たし、彼らに奉仕するために自分を傷つけるという、もうひとつの自傷行為を映し出す描写だ。沈黙を満たすための沈黙、鋳物と鋳型のように、幽霊物語のように、互いに身を埋め合う沈黙なのだ。

ティリー・オルセンの一九六二年の講演は、一九六五年に『ハーパーズ』誌に掲載され、一九七八年のベストセラー、『沈黙』にも収録された[18]。沈黙にとって、あるいは沈黙について問いただし、無効化しようとする欲望にとって、機が熟したということだろう。オルセンの文章はこのように始まる。「文学史と現在はともに暗い沈黙で満たされています。誰もが認める偉人たちによって何年も強いられた沈黙があり、隠された沈黙があります。一作品だけ残して発表することをやめてしまうことによる沈黙もあります し、そもそも本の形態になるところにすら行き着かない沈黙もあります」。言い換えれば、沈黙にもさまざまな種類があるということだ。語られたことについての沈黙もあれば、語られなかった沈黙もある。誰がそれを語り、発話することを許されていたかをめぐる沈黙もある。

彼女は時間をかけて本当の主題に行き着こうとする。まるで男性によって書かれた偉大な文学について知識と関心を持っていると示すことで、まずは語る資格を得るところから始めなければならないとでもいうかのように。それから文学における女性の沈黙に話題を転じ、ひとりになり自分のために、自分だけの声を持つために時間を使うことが創造にとって不可欠だったので、結果としてほとんどの女性作家は子どもを持たなかったと指摘する。それはいわば必要に迫られた沈黙だ――創作物の一環として言葉の宮殿を築く時間がないということなのだから。だが当時の女性の経験にかかわる沈黙には多種多様なものがあった。『沈黙』の後半は、さまざまに集められた「余白や魔除け、掘り起こされたものや根源」に満ちていて、それらは女性の沈黙と、その結果女性と文学に何が起こったのかを証拠立てている。まるで弁論趣意書のように。

一九六三年に出版されたベティ・フリーダンの『新しい女性の創造』の主題は「名前を持たない苦しみ」であり、物質的には満たされていても、家庭において、そしてもっと広い世界においても、公的生活と権力から排除され、社会的、政治的存在を持たないアメリカ女性だった。[19] それはミドルクラスの白人女性についての本のようにも思えるし、実際そのように批判されてきてもいる。だが貧困との闘いと公民権運動の時代にあって、ジェンダーもまた熟考に値する問題であり、変化を促すのに決定的な役割を持つのは名づけるという行為であることを明言した著作として、再評価されるべきでもあるだろう。

二〇一〇年の著作『通りの暗がりで』において、ダニエル・L・マグワイアは、公民権運動自体、万人の権利についての男性主導の運動として（女性は忘れ去られて）書き直されたという点では、沈黙に追いやられたようなものだと記した。彼女はレイプ事件をめぐってNAACPに派遣された調査官としてのローザ・パークスに焦点を当てることで歴史を再度書き直し、黒人女性の権利のために黒人女性が開始した運動として、公民権運動を再解釈する。それにより、歴史の表通りからはたいてい抹消されてしまう交差路を描き出している。

対照的に、一九六九年のスーザン・ソンタグのエッセイ「沈黙の美学」は、ジェンダーに関して沈黙したままだ。それは男性芸術家についてのエッセイであり、「芸術家」を形容するのに男性代名詞を用いている。ソンタグはマルセル・デュシャンやアルチュール・ランボーといった、沈黙することを選んだ芸術家たちについて書いた。彼らにとって沈黙は、軽蔑や自己の超越性、逸脱を表現するものだった。だがそこで彼女はこう記す。「この種の模範的な決定ができるのは、芸術家が天才であり、その才能を彼が権威を持って行使した後に限られる」。それは自分の声がすでに聞き取られ、価値づけられてはじめて選び取ることができる類の静けさだ。沈黙させられることとは、相反するものだ。

第二波フェミニズムと言い慣わされるようになった運動は、それまでは名づけることも描写することもなかった抑圧を発見した驚きについての記録と、それがたとえ抑圧であっても、認識されるに至ったことに対して感じられる喜びに満ちている。治癒と回復に至るには、まずは診断が必要なのだから。何が自分たちを苦しめているのかについて語り、それを定義することで、女性たちは孤立から解き放たれ、力を得た。一九六〇年代と七〇年代の創作物は、探求についての、いや啓示についての文学だったとすら言える。人々はよろめきながらも前に向かい、何に出会おうとしているのかもわからないままに、対象について不器用に書き綴り、かつて描写されることのなかった事柄について書くための新しい言語を手に入れ、古い領野と新しい領野の双方に属する人間として、いままさに作り出されつつある世界へ足を踏み入れていった。

それは発見の旅だった。一九七〇年代のフェミニズム運動で主要な役割を担ったのは、女性がみずからの経験を互いに語り合う「意識改革グループ」だった。この時代のフェミニズムの重要な担い手だったスーザン・グリフィンは私にこう語った。最初は家事についての愚痴から始まり、続いて女性たちはレイプや暴力、気の滅入る事柄について語り始め、自分たちを沈黙と孤独に押しとどめていた恥の意識に打ち勝ったのだと。詩人ミュリエル・ルーカイザーの一節が、しばしば引用された。[20]「もし女性が人生について真実を語ったら、何が起こる？　世界がぱっくりと、口を開けるだろう」。多くの女性たちが人生について真実を語ったとき、何が起きた？　沈黙そのものが、対話の主題になったのだ。

オードリー・ロードは一九七七年、ＭＬＡ（米国現代語学文学協会）で人種、ジェンダー、性的指向について「沈黙を言語と行動に変えること」と題された講演を行った（後にエッセイとして一九八四年に出版された）。それは短いが深遠で警句的なエッセイで、マニフェストのような緊急性を持っていた。

> 沈黙は私を守ってくれなかった。あなたのことも守ってくれないだろう。でも語られたあらゆる真実に満ちた言葉のために、いまなお探し求めている真実を語ろうとするあらゆる試みのために、私は他の女性たちに出会い、互いの差異を超えて、自分たちが信じる世界を語るための言葉をともに探ってきた。そうした女性たちみなが持つ関心と慈しみが、私を力づけた。

ロードが語ったのは、沈黙を破ることは勇気ある行動であるだけでなく、創造行為でもあるということだった。「あなたがいまだ持たない言葉とは何だろう？　言わなければならないのは何か？（中略）私たちがいまここにいるのは、一人ひとりが何らかの仕方で言語とその力に対する責任、自分たちの意に反して使われてきた言語を取り戻すことへの責任を共有しているからだ」。

　一九七八年、ジャマイカ生まれのミッシェル・クリフは「言葉を失うことについての覚書」を発表した。[21] 真実と向き合うのを回避しつつ探求することがその主題だった。「言い逃れをすること、ユーモアに訴えることは、ともに言葉を失うことの一形態だ。リアルなものを曖昧にしたりありきたりなものにするのも、同じことだ」。彼女は悪夢について語り、断片的に語った。自分について語る一方で政治史、文学史についても語り、レズビアンとしてカムアウトし、ストレートとしてパスするのがいかに仮装のようなもので、真実への遠回りになるのかについて語った。クリフのエッセイの結論は、自分を消し去ってきたものを消し去ることをめざすという決意で幕を閉じる。「これは自分自身の言語を探すことにほかならない。これこそが、女性たちがやっていくことなのかもしれない」。

　彼女の恋人でパートナーだったアドリエンヌ・リッチは、みずからの詩集のひとつに『共通言語の夢』というタイトルをつけた。「沈黙の地図学」と題された詩集の中心的作品は、「会話は／嘘で始まる」という一節で幕を開け、「正統ならざる声の叫び」について語る。この長詩の結末では、新たに育ちつつある未熟な植物のように、真実が芽吹き出す。リッチやグリフィンをはじめ、沈黙について語った多くの女性たちはレズビアンだった。クリフやロードのように、幾人かは黒人でもあった。インターセクショナリティという語が広く用いられ出したのは最近のことだが、これらの女性たちはふたつの、あるいは多くの属性が交差する場所で立ち回ることが何を意味するのかを理解していた。[22]リッチの詩集はクリフのエッセイが発表される前年に出版された。多作だったリッチの作品群の中ではじめて、レズビアンの愛の詩を含む著作となった。

　二年後の一九七九年、リッチはエッセイ集『嘘、秘密、沈黙。アドリエンヌ・リッチ女性論』を出版した。そのなかには先に引用したウルフの『自分ひとりの部屋』論が掲載されている。同じ本の中で、彼女はこう記した。

> フェミニストとして沈黙を破ることを変容への力としてきた女性なら誰でも、発せられることのない問いの微かで消え入らんばかりの輪郭しか見えない時代が過去にはあったことも覚えているにちがいない。そうした輪郭は彼女の脳細胞のなかで身を縮め、折に触れて、ずっと昔に死んだこの女性あの女性、その人生や経験がどんなだったか、思い出そうとしてもぼんやりとしか像を結ばない女性たちの作品の文

や、フレーズや、イメージのなかに、衝撃とともに姿を現すのだ。

かつて発せられることのなかった問いが、こうして発せられたのだ。一九八〇年、リッチはその批評活動に、代表的なエッセイ「強制的異性愛とレズビアン存在」を付け加えた。それは、女性のアイデンティティと、重要部門での活動が軽視され、排除され、そのことがいかに、わたしたちみなにとっての生きることや理解することへの可能性を狭めているかについて観察したエッセイだった。当時人気のあったフェミニストの著作について、リッチはこう書いていた。その本は「魔女として、独身女性として、結婚を拒む女性として、未婚女性として、自立した未亡人として、そして／あるいはレズビアンとして、さまざまなレベルで同調することなく生きおおせた女性たちの歴史を、よりによって黙殺するものだった。まさにこの歴史こそフェミニストたちが学ぶところが多くあるものであり、そのすべてが沈黙に包まれているものでもある」。リッチは偉大な探検家だったのだ。

彼女は異性愛の規範を疑問視した。「「ほとんどの女性は本質的に異性愛者である」という通念は、多くの女性にとって理論的、政治的障壁となってきた。（中略）異性愛を制度として考察できないことは、資本主義と呼ばれる経済システムや、レイシズムというカーストのシステムが、さまざまな力によって保持されていることを認めることができないのと同じことだ」。彼女はレズビアンの生そのものがいかに沈黙させられてきたかについて、さらに、異性愛が自然なものではなく「押しつけられ、管理され、組織され、喧伝され、力ずくで保持されなければならなかったもの」に過ぎない可能性について書いた。まるで本物の都市のように、加速度的に生まれるプロジェクトや労働、意思決定や欲望を通して、思想と可能性の新しい都市が建てられていた。そして女性たちはそこを住処とし始めていた。

一九七〇年代のフェミニズムは、認識に至ることの喜びと怒り、そして恐ろしいことについてであっても認識することによって得られる力に満ち溢れていた。認識できさえすれば、治療することも抵抗することもできるのだから。ナポリ四部作のうち三番目の作品で、エレナ・フェッランテは一九七〇年代のフェミニスト的分析を主人公が発見した様子を描いている。[23]「女がこんな風に考える方法を知っているなんて、ありえるだろうか？と私は訝った。とても真剣に本と付き合ってきたけれど、ただ耐えていただけで、本をちゃんと使ってはいなかった。本に抵抗するために本を使うなんて、思いもよらなかった」。自分自身や、自分のジェンダーや、自分の言語には可能性があるという感覚を抑え込んでいた思い込みを取り払ったとき、世界は立ち上がる。彼女はそれを初めて目の当たりにしたのだった。

その時代の一部のフェミニストたち、特にキャサリン・マッキノンとアンドレア・ドウォーキンは、女性の服従につながるという見地から、ある発話と表象の形態――ポルノグラフィー――に批判を浴びせた。[24] 彼女たちの著書は行進や、デモや、訴訟や、表現規制（後に表現の自由に反するとして撤回されたが）につながった。運動の参加者の中にはポルノを、それ自体価値があるものとして、もしくは表現の自由を理由に、擁護する者もいた（挑発的なタイトルのフェミニスト雑誌『オフ・アワー・バックス［付いて来ないで］』は、レズビアンのエロ雑誌『オン・アワー・バックス』［付いて来て］にネタにされた）。反ポルノのフェミニストたちはずいぶん悪者扱いされていて、ピューリタン的な議論ばかりする一枚岩的な存在だとか、解き放たれた放蕩主義に対する障壁だと、誤って記憶されている。

　ことはそれより複雑だった（それに、ミソジニスティックなポルノグラフィーは現実の女性嫌悪をモデルとし、それを助長させもするという見方をしたといって、表象には権力と影響力があるという至極もっともな考えを受け入れる以上にすべきことは別にない）。現在のネット上のハラスメントと同じく問題となるのは、表現の自由とは何か、他者が語ったり話を聞いてもらったりする権利やその能力を侵害するために表現が使われるのはどんなときか、といったことなのだ。

　スーザン・グリフィンの一九八一年の著書、『ポルノグラフィーと沈黙』はそうした議論の端緒となった。つまり、メインストリームのポルノグラフィーは解放的な表現や聞き取られなければならない声というよりは、特殊な抑圧の形態である、というものだ。

彼女によれば、「ポルノグラフィーは人間のエロティックな感情や欲望、身体のあり方を愛することについての表現ではない。それは身体にまつわる知識を得ることに対する恐怖や、エロスを沈黙させたいという欲望についての表現なのだ」。グリフィンの見方では、ポルノグラフィーはエロティックではない――もしエロティックという語が意味するのが、十全で開かれた身体や自己や感情や他者の経験を指すのだとすれば。それとは正反対に、ポルノは「キリスト教の形而上学」に満ち満ちており、「古い大聖堂の跡地に建てられた近代的な建物というだけで、その基礎は同じなのだ」。

その基礎には肉体に対する嫌悪や、欲望に対する怒り、そうした欲望や怒りを女性に投影することが含まれている。「反ユダヤ主義における「ユダヤ人」や、レイシズムにおける「黒人」と同じように、ポルノグラフィーにおける女性は率直に言って、失われた魂の一部、ポルノ的な、あるいはレイシスト的な精神が忘却し否定しようとする存在の一部にほかならない」。これ以降のグリフィンの仕事はしばしばその逆を目指してきた。それは記憶すること、認めること、そして私たちが存在し、エロティックで官能的なものを夢見て、思い描き、愛し、そして祝福することができるような空間を押し拡げていくことだった。

ポルノグラフィーをめぐる議論は止むことを知らなかった。一九九三年には、哲学者レイ・ラングトンが「発話行為と発話できない行為」という特筆すべき緻密な論文において、この主題を取り上げた。彼女の探求と分析は、ポルノグラフィーにとどまらず多くの事柄に光明を投じるものだった。彼女は発話の内容から発話が何を引き起こすのか、発話が持つ力とは何なのかということに論の焦点を移すことから始める。そして私たちが言葉によって結婚したり、投票したり、評決を下したり、命令を与えたりするということを指摘する。もし私たちが権力を持たなければ、これらのことは何ひとつできない。主人が奴隷に「食べ物をくれ」と言う場合、それは命令だ。奴隷が同じことを言えば、要求をしていることになる。それぞれが持つ権力は、それぞれが語る言葉が何を意味し、何を引き起こすのか、もしくは何もできないのか、といったことと、切っても切り離せない関係にある。

ラングトンはポルノグラフィーが、娯楽を通してだけでなく、教唆を通しても権威を保持すると論じる。少年や若い男性が高い割合で、自分が満足することを権利とみなす一方、女性の権利には重要性がないと考えているというデータや、デートレイプの統計、痛がっている女性をエロティックだと思う男性に触れ、これらの事柄をポルノ・カルチャーと関連づける。ラングトンは三種類の沈黙に言及している。ひとつは脅されたり打ち負かされることによる物理的な沈黙。ふたつ目は発話者の話を聞き、反応してくれる相手がいない場合だ。そして彼女は結論づける。「ポルノグラフィーが女性を沈黙させるというのはすなわち女性が言葉を使って何かをするのを妨げているということだ。

第三の沈黙は「人が話そうとして言葉を発するものの、遂行しようとしたことをできずに終わる」ことを指す。その行為とは、禁じること、ノーと言うことだ。「誰かを沈黙させることは実際可能なのだ。(中略)その発話そのものを発話不可能なものにすることによって。(中略)「ノー」というつぶやきについて考えてみよう。我々はこの言葉を使っていろいろなことをする方法を知っている。しかし、性的な文脈では奇妙なことが起こる。時に女性は、セックスを拒むために「ノー」という発語を用いるが、それではうまくいかないのだ。拒絶――この文脈においての――は、彼女にとって発話しえないものになってしまう。この場合、拒絶が単純にうまくいかないのではなく、無効化されているのだ」。彼女はその結果何が起こるかについて考察する。「この種のポルノグラフィーからゲームの掟を学んだ人間にとっては、拒絶しようとしているようにすら思えないかもしれない」。

二〇一六年の著作『少女たちとセックス』で、ペギー・オレンスティーンはこのように声が消し去られることを裏づけている。「ポルノの人気作品における行動についての研究では、無作為に抽出された三〇四の場面のうち九〇%が、女性に対する身体的攻撃を含んでおり、女性の反応はほとんどの場合、中立的であるか喜んでいるかのどちらかだった」。より悪質なケースでは、女性がパートナーにやめるよう懇願することもあるが、それから行為を受け入れ、どれほど痛みを伴う下劣な行為であっても楽しみ始めるのだった。ほかの個所でも彼女は書いている。「最近ポルノを利用した男女の大学生は、そうでない学生よりも「レイプ神話」を信じる傾向にあることが繰り返し指摘されている。性的暴行を行うのは赤の他人だけであるとか、被害者が行為を「自発的に求めていた」とかいう類の神話だ。（中略）ポルノを利用する女性はそうでない女性に比べ、ほかの女性が脅されたり襲われたりしたのを見たときに助けに入ることが少なく、自分の身が危険に晒されていてもなかなか気づかない傾向にある」。つまり、ポルノグラフィーは男性同様女性に対しても教唆的であり、それによって女性や自分自身の声も聞こえなくなってしまいかねないということだ。沈黙はさまざまな道をたどって伝わるのだ。

　ポルノとは、男の特権が強化され、女の権力への復讐が絶え間なく必要とされる、補塡的な並行宇宙なのではないかと、ときに想像してみることがある（数年前、サム・ベンジャミンはメインストリーム・ポルノの首都サンフェルナンド・バレーで若き監督だったころのキャリアについて語った。「明らかにすぐやらなくてはいけないのは女の子たちを脱がせることだったが、監督としての私の真の仕事は、彼女たちが罰せられるよう取り計らうことだった」）。現存する数えきれないほどのポルノ作品の形態は多種多様であり、多くの例外が存在するのは間違いない。しかしメインストリームの作品は、エロスの力を表現しているのではなく、エロスを通して権力を語っているようにみえる。異性愛として描かれるものの多くは、男性性の勝利についてのホモエロティックな物語であり、女が絶えず打ち負かされることが目玉であるスポーツのようなのだ。

沈黙と恥には感染力がある。勇気と声をあげることだってそうだ。現在でも女性が自分の経験を語るときは、次の女性が前に出てすでに発言した女性を支え、みずからの経験を共有するということが起こる。煉瓦のひとつが打ち崩され、またひとつがそれに続く。ダムが決壊し、水が溢れ出る。一九七〇年代と八〇年代には、子ども時代に性的に虐待され、大人になっても嫌がらせや暴行を受けていることを語る女性たちは、現実に大きな影響を与えた。法やその施行を変えたのだ。そしてこれらの物語は、権威ある存在が罰せられないことを糾弾するものでもあり、そうした権威はしばしば家父長制と区別がつかなかった。女性たちの物語は、必ずしも権威を信頼する必要はなく、力は行使されるためにあると語りかけていた。

物語は、ときに六〇年代と呼ばれる偉大な反権威運動の一部だった。しばしば六〇年代は若い白人男性や学生の反戦運動として矮小化され、多くの運動の息吹について認識されることはない。だが、公民権運動、黒人だけでなく先住民やヒスパニック、アジア系の構成員も対象とする人種的正義、ゲイとレズビアンの権利、障害者の権利、環境や、反植民地主義や、反資本主義についての批評——私たちの対話の基礎を変革したのはこれらのものだったのだ。それは富の再分配のようなものだったが、再分配されるのは、他者に話を聞いてもらうこと、信頼されることや価値を認められること、社会参加、権力や権利といったものだった。姿を現した人々を沈黙に押し戻そうとするバックラッシュもある一方で、大きな平等化の動きが生まれ、いまもなお続いている。

二〇一〇年代のどこかで、フェミニストたちが促した対話の新たなラウンドが幕を開けた。それはひとつには、キャンパス内でのレイプなどの暴虐行為に対する、そしてそのような行為に関して沈黙を破ることに対する応答だった（そこにはキャンパス内で運動を組織した人々の大きな貢献があり、彼女たちの多くはレイプのサバイバーでもあった）。いくつもの物語が、予想もつかない規模の注目を集め、比較的ミソジニスティックでない主流のメディアと、ソーシャルメディアや非主流派メディアを使うフェミニストたちのやり取りが、激しいまでに活発な、新しい対話を生み出した。

近年起こったいくつもの事件、それもジェンダー・バイオレンスに関連する顕著なもの――サンタ・バーバラのアイラ・ビスタ虐殺事件、カナダでのゴメシの暴行事件、フットボール選手レイ・ライスのニュージャージーでのドメスティック・バイオレンス事件、スタンフォード大学のレイプ事件――において、女性たちはソーシャルメディアで証言を行った。[25] ハッシュタグをシェアするだけの人々もいた。アイラ・ビスタ後の**#女はみんなそう**、ドメスティック・バイオレンスに関連した**#だから私は留まった**、**#だから私は去った**、ゴメシの被害者たちを支持する**#私はあなたを信じる**、二〇一六年のスタンフォード大学の事件に応答した#私もレイプされた、大統領候補だったドナルド・トランプが女性の「プッシーを摑む」ことについて話しているビデオを見て、みずからの性的暴行体験を語った女性たちによる二千七百万ものツイートにつけられた#OKじゃないなどだ。

ときに男性たちもハッシュタグをシェアし、語る者たちをサポートした。この本のほかの個所で詳しく触れているが、男たちが女性の権利のために語り、行動したことで、フェミニズムは近年、（いくらかの後退もありつつだが）大きく前進した。女性に対する暴力やミソジニーについて語る女性を黙らせようとするための激しいキャンペーンがソーシャルメディアで繰り広げられ、とりわけツイッターは、レイプや殺害予告を含む極端な暴言を放置した。ソーシャルメディアは、沈黙を破ること、そして脅迫や恫喝を通して沈黙を強いようとすることの双方にプラットフォームを提供した。黒人女優レズリー・ジョーンズが嫌がらせを受け、侮辱され、いじめを受けてツイッターをやめてしまった後、「人々が街角で受けるハラスメントと同じことを、知識人はオンラインで受けている」と、メディア批評家のジェニファー・ポズナーは書いた[26]。「それは公共空間にいる女性を取り締まり、罰しようとする行為だ。『俺の遊び場から出ていけ』とでも言わんばかりに」。

ガーディアン紙ですら、二〇一六年に荒れたコメント欄を調査し、もっとも多くの攻撃を受けたコラムニストのうち六人は女性で、二人は非白人男性で、一番多く攻撃されたのはフェミニストのジェシカ・ヴァレンティだったと報告した。オンラインで女性を沈黙させようとするこうした近年の動きは全く終わることを知らない。多くのことからこれがバックラッシュであり、前進したものを押し戻し、聞き届けられた声を黙らせようとする試みなのは明らかなのに。

語られずにおかれたこと、まだ語られていないことは常に存在する。常に誰かが、言葉と自分の物語を語る意思を見出そうともがいている。日々私たちの一人ひとりが世界と、その世界に出会う自己を創造し、その中で他者に空間を開放したり、他者を締め出したりしている。沈黙は永遠に破られ続ける。そして足跡や、砂の城や、浜辺に流れ着いた貝や海藻に打ち寄せる波のように、再び沈黙が訪れる。

自分たち自身と世界について、別々に、あるいは一緒にして物語ることを通して、私たちは自己を形作る。ジェンダーについての考えを再創造し、沈黙を破る権利があるのは誰かについて問うことを通して世界を再創造しようとするフェミニストの実験は、大きな成功を収めてきたが、完了に至るにはほど遠い。何千年も続いてきた社会的枠組みを解体するのは、ひと世代や二、三十年ではままならない。それは叙事詩的なスケールの創造と破壊のプロセスであり、その遂行にはしばしば抵抗が伴う。それにはもっとも些細な日常の仕草ややり取りから、法や信条、政治や文化を国民的、国際的スケールで変革していくことまでが含まれ、後者はしばしば前者の積み重ねがあって初めて生まれてくるものだ。

物事を真《まこと》の名で呼ぶこと、全力を尽くして真実を語ること、どうやっていまの場所にたどり着いたのか知ること、過去に沈黙させられてきた人々の声にこそ耳を傾けること、数えきれない物語たちが一体となり、枝分かれしていくのを見届けること。与えられたなにがしかの特権を使い、特権を解体したりその範囲を押し広げていくこと。これらはすべて、私たちに残された責務だ。私たちはこうして、世界を作っていく。

原注

〔1〕——かつて著書『アメリカン・クール』のためにリサーチをしていた文化史家のジョエル・ダイナースタインに、なぜ彼のクールな人物リストにはほとんど女性がいないのかと聞いたことがあった。そのとき私は、たいていの男性的なクールさの根底にある、手を差し伸べたり反応したりすることを拒否する姿勢が、女性の場合はもっぱら緊張病とか受け入れがたい傲慢さとして解釈されがちなのだと思い至った。男をクールにするものは、女を冷淡にするのだ。

〔2〕——しばしば黒人女性は公民権の時代まで選挙権がなかったと言われる。南部の多くの地域で黒人が男女ともに選挙権を持たなかったのは事実だが、これは全国的に当てはまることで

はなかった。シカゴの黒人女性たちは一九二〇年以前に選挙連合を組織していた。イリノイ州で女性が選挙権を得たのは一九一三年のことだったからだ。西部四州――ワイオミング州、ユタ州、コロラド州、アイダホ州――では、十九世紀から女性は選挙権を持っていた。二十世紀に至っても、アジア系と先住民の女性には選挙権以外の公民権がなく、選挙権運動に取り組む白人女性たちの中には、黒人女性を中傷したり除外したりする者もいた。南北戦争後、フェミニストの草分けであるエリザベス・キャディ・スタントンは、女性の選挙権とは別の話だとして黒人男性に選挙権を与えることを支持したがらなかった。つまり、彼女と女性運動のあるセクターは、この闘争を支持しないどころか積極的に反対側に回ったのだ。レイシストによる選挙権剝奪は二十一世紀になって再び深刻な問題となった。

[3]――一九五五年に国内初のレズビアンの権利団体、ドーターズ・オブ・ビリティスを創設したマーティンは、五十一年間にも渡りパートナーであったフィリス・リオンと、二〇〇四年二月に結婚した。これはサンフランシスコにおける最初の同性婚であり、（全州での同性婚の合法化を認めた）二〇一五年の最高裁判決に向け、婚姻の平等に勢いを与えるものだった。

訳注

▼1――オードリー・ロード（一九三四―一九九二）は米国の作家、詩人、フェミニスト。レズビアンの黒人女性としてのアイデンティティを探究する作品を残した。

▼2――アーシュラ・K・ル＝グウィン（一九二九―二〇一八）は米国のSF、ファンタジー作家。代表作に『ゲド戦記』シリーズ。引用は一九八六年のブリンマー大学卒業式での有名なスピーチから。

▼3――タイトルナインは、一九七二年に制定された、合衆国の高等教育機関における性差別を撤廃する法律の通称。

▼4――ベル・フックス（一九五二―）は米国の研究者、フェミニスト批評家、社会活動家。黒人女性としての経験を軸に『アメリカ黒人女性とフェミニズム　ベル・フックスの「私は女ではないの？」』（原著一九八一）ほかの著作を発表。引用は二〇〇四年出版の*Men, Masculinity, and Love*（『男性、男性性、愛』未訳）から。

▼5――『マイ・リトル・ポニー』は、魔法を使えるポニーたちの友情を主題にした米国の女児向けアニメ。

▼6――トム・ディグビーはスプリング・フィールド・カレッジ哲学科の名誉教授で、社会政治思想、ジェンダーや男性性を専門とする。

▼7――ロバート・J・リフトン（一九二六―）は米国の精神科医、ニューヨーク市立大名誉教授。文中で触れられている著作は『死の内の生命――ヒロシマの生存者』（原著一九六八）。

▼8――『ドゥイノの悲歌』（一九二三）は、オーストリアの詩人ライナー・マリア・リルケの晩年の代表作。作品冒頭の一節は、正確には「ああ、いかにわたしが叫んだとて、いかなる天使がはるか高みからそれを聞こうぞ」となる。

▼9――マヤ・アンジェロウ（一九二八―二〇一四）は米国の作家、詩人、活動家。代表作に自伝『歌え、翔べない鳥たちよ』（原著一九六九）。原題は直訳すると『なぜ籠《ケージ》の鳥が歌うのか、私は知っている』となり、このセクションのタイトルにある「檻《ケージ》」もそこに言及していると思われる。

▼10――バリー・ロペス（一九四五―）は米国の作家、エッセイスト。ネイチャーライティングの大家として知られ、全米図書賞も受賞している。

▼11――ケリー・サンドバーグは米国の作家でアッシュランド・カレッジ助教。ドメスティック・バイオレンス体験を書いた著書で知られる。

▼12――メアリー・ビアード（一九五五―）は英国の古典学者。著作に『SPQR ローマ帝国史Ⅰ・

Ⅱ』（原著二〇一五）、『舌を抜かれる女たち』（原著二〇一七）など。

▼13──ヴァージニア・ウルフ（一八八二─一九四一）は英国の作家。引用は最初の小説『船出』（一九一五）から。

▼14──メアリー・ウルストンクラフト（一七五九─一七九七）は英国の社会思想家で、フェミニストの先駆者。娘は『フランケンシュタイン』（一八一八）で知られる作家メアリ・シェリー。

▼15──シャーロット・パーキンス・ギルマン（一八六〇─一九三五）は米国の作家。短編「黄色い壁紙」（"The Yellow Wallpaper," 1892）は、フェミニスト小説の草分けとされる。引用は *Our Androcentric Culture: Or The Man Made World*（『男性中心主義的文化について──あるいは、男が世界を創った』未訳、一九一一）から。

▼16──アドリエンヌ・リッチ（一九二九─二〇一二）は米国の詩人。「レズビアン連続体」等、独自の概念を用いたフェミニズム批評でも知られる。

▼17──スーザン・グリフィン（一九四三─）は米国のフェミニスト、作家。環境破壊とセクシズムやレイシズムを関連づける著作を通じ、エコフェミニストの草分けとして知られる。ノーマン・メイラー（一九二三─二〇〇七）は米国の作家。マリリン・モンローの伝記（一九七三）の作者でもある。

▼18──ティリー・オルセン（一九一二─二〇〇七）は米国の作家、マルクス主義活動家。ワーキングクラスの女性の立場から『沈黙』（*Silences*, 1978）をはじめとする著作を発表し、フェミニズムにも影響を与える。

▼19──ベティ・フリーダンは第二波フェミニストの草分けで、産業化社会において主婦としての役割を強いられる女性の状況を論じた『新しい女性の創造』（原著一九六三）で一躍有名になった。一九七〇年代の日本のウーマン・リブ運動にも大きな影響を与えた。

▼20──ミュリエル・ルーカイザー（一九一三─一九八〇）は米国の詩人、政治活動家。代表作は米国

史上最悪の労働災害を題材とした『死者の書』（*The Book of the Dead*, 1938）。

▼21——ミッシェル・クリフ（一九四六―二〇一六）はジャマイカ系米国人の作家。小説・詩・フェミニズム批評の書き手として知られる。

▼22——元は黒人フェミニストキンバリー・クレンショーが使った語で、黒人共同体と女性というカテゴリーの両方で二重に疎外される黒人女性のあり方を指していた。近年ではより広い意味で用いられ、さまざまな社会的グループの中で疎外される対象や、疎外のあり方が交差するさまを形容する語としても使われている。

▼23——エレナ・フェッランテ（一九四三―）は「ナポリの物語」シリーズで有名なイタリアの作家のペンネーム。素性を明かさず匿名を貫いていることで知られる。

▼24——アンドレア・ドウォーキン（一九四六―二〇〇五）は米国の作家でラディカル・フェミニスト。マッキノンとともに反ポルノグラフィーの立場で知られる。

▼25——アイラ・ビスタ虐殺事件は二〇一四年に同名の都市で起きた銃乱射事件で、『説教したがる男たち』でも取り上げられた。レイ・ライスはNFLボルティモア・レイヴンズの元選手で、二〇一四年に当時の婚約者に暴行する様子を捉えたビデオがネット上に流れ、騒動となった。スタンフォード大学のレイプ事件では、水泳チームの有望選手ブロック・ターナーが泥酔した女子学生を屋外ごみ容器の脇でレイプし有罪となったものの、わずかな服役期間で出所に至った。

▼26——レズリー・ジョーンズは、『サタデー・ナイト・ライブ』出演で知られるアフリカ系の女優、コメディアン。リメイク版『ゴースト・バスターズ』（二〇一六）に出演後、そのツイッター・アカウントにレイシスト的な嫌がらせのコメントが殺到した。

反乱の年

　生涯ずっと、二〇一四年を待っていた。それは男性の暴力に対するフェミニストの反乱の年だった。沈黙することに対する拒絶、自分たちの人生や苦しみが消し去られ、黙殺されることに対する拒絶が頂点に達した年だった。調和に満ちた年ではなかったが、調和はしばしば、言いたいことがある人々を抑圧することで成り立つものだ。騒々しく、不協和音に満ちて、変革への力を感じさせる年だった。というのも、大事なことが語られたからだ。完全に新しいことが語られたわけではなかったが、より力強く、より多くの人々が語り、かつてないほどにその声が聞き入れられた。

　女性にとって、そしてフェミニズムにとって、重大な分岐点となる年だった。私たちは疫病のように蔓延る女性に対する暴力――レイプ、殺人、殴打、街角でのハラスメントと、オンラインでの脅迫――を受け入れることを拒絶したのだ。女性の声はかつてないほどに力を持ち、対話のすべてが変化した。カリフォルニア州のキャンパスにおける性的同意に関する法、通称「イエスと言わなきゃイエスではない」法案のように、確実な前進もあった。[1] だがこれらの変化は相対的には小さいもので、集合意識におけるもっと大きな変化の結果として生じたものだ。問題は法的なことだけではない。たとえば妻に対する暴力を取り締まる法律は十九世紀から存在していたが、一九七〇年代後半まではめったに執行されることがなく、いまもなおドメスティック・バイオレンスの蔓延を止めるには至っていない。問題の本質は文化的なものだ。そしてその文化――世界中の多くの文化――も、変わり始めている。

二〇一四年という年は、ほとんどあの、月ごとの花だとか宝石だとかがついた小さなカレンダーのパロディのようなもののように思えるだろう。一月はガーネットの月ではなかった。ついにオンラインの脅迫について人々が語り始め、七歳のときに継父に性的に虐待されたとディラン・ファローが証言した月だった。四月には、拉致されたナイジェリアの女子生徒たちや、シリコンバレーの億万長者がガールフレンドに暴行する動画が会話の主題になった。[2] 五月はエメラルドの月ではなかった。それはカリフォルニア州アイラ・ビスタで若きミソジニストが六人を殺害し、ハッシュタグ**#女はみんなそう**が誕生した月だった。おそらく、女性と暴力についての強力なオンライン抵抗運動の中でも最大の触媒となったハッシュタグだった。

九月はトルマリンの月ではなかった。アメフト選手レイ・ライスがエレベーターの中で婚約者を殴りつけている動画が公開され、**#だから私は留まった**、**#だから私は去っ**

たといったハッシュタグとともに公の場で再びドメスティック・バイオレンスについての対話がなされるようになった月だった。十月になるとようやく、街角でのハラスメントに関して中身のある対話が行われ、カナダでもっとも有名なラジオ司会者、ジアン・ゴメシから暴行を受けた十五人の女性たちの訴えに対して、大きな反響があった。

右に挙げた訴えのすべてが事実だと証明されたわけではない。しかし、めったにメディアで取り上げられない、取り上げられたとしてもごく小さくしか扱われない類の犯罪や、単なる個別の事例として処理されるか、いろんな仕方で黙殺されてきた事件がようやく、真の社会的危機を作り出す暴力のパターンの一部として認識されたケースもあったのだ。多くの女性たちが声を上げ、その声が聞き届けられたために、昔からある厄介事はもはや無視できなくなった。こんな風にして、権利を持つ人間と、話を聞いてもらえる人間の輪は拡大する。そのふたつは正確には同じものではないにしても、切り離すことのできないものなのだ。

歩くことの歴史をめぐる拙著『ウォークス』の中で、若い女性としての自分の経験について書いたことがあった。

実のところ自分には、戸外で人生や自由や幸福を追求する権利などないのだと気づいたことは、私にとってもっとも打ちのめされる経験だった。世界はジェンダーだけを理由に私を嫌い、傷つけようとする見知らぬ他人に溢れ、セックスはいとも簡単に暴力に変容し、それを個人のではなく社会の問題だと考えるような人も周りには誰もいなかった。

私は自分の人生を修正したり制限したりせよ、という助言を与えられていたのだった。これが間違っているとか、変わるべきだという肯定の言葉は得られなかった。

公共空間では女性は行動の仕方に気をつけるべきだとか、諦めて家にいるべきだとかいった主張は、要は被害者を責め立てる枠組みの一種だったのだし、いまでもそうだ。むしろ公共空間を（あるいは男たちを）変容させて、嫌がらせを受けずに外を歩く権利を女性に与えるべきなのに。同じような責任転嫁は、女性が男性に攻撃されるほとんどすべての状況で、男を責めないための方便として使われている。レイプ裁判の記録謄本や、被害者の証言や、殺人や殴打や脅迫の記録、レイプに関するツイートやミソジニストのコメントを、おそらくほかの年を全部ひっくるめた分よりたくさん読んだというのに、それでも今年、私の気持ちが高揚していたとすれば、それは女性に対する暴力がようやく公的な問題になったからだ。やっとのことで。

分岐点を待ちながら

この問題がようやく前景化されたのはなぜだろう。こんなに長い間容赦されてきたことが、なぜいま容赦できなくなったのか。あるいは、これを容赦できないと考える人々がようやく対話に参加できるようになったのはなぜか。こんなにも長い間沈黙させられ、うまく胡麻化され、軽視され、見過ごされてきた事柄について語ることが、なぜ可能になったのか。何十年も、私は待っていたのだ。

一九九四年、ニコール・ブラウン・シンプソンとロナルド・ゴールドマンが殺害され、彼女の元夫が長期にわたって彼女に暴力をふるい、ストーキングを続けていたことが明らかになったとき、ドメスティック・バイオレンスとミソジニー（標的となる人物の友人や家族、同僚などが行きがかりで殺害されることに往々にしてつながり、合衆国の銃乱射事件の主要な原因となっている）について、やっと真の対話ができるようになるという希望を持った。だがO・J・シンプソンは強力な弁護団を雇い、自分を被害者に仕立て上げさせた。[3] 次いでロス市警のレイシズムや汚職、機能不全が明らかになり、法のシステムは、彼に不利になる証拠がうず高く積みあがっているにも関わらず、シンプソンを逃がしたのだった（その後の民事裁判では、彼に殺害の責任があるという判決が出た）。

裁判のテレビ中継が一年近く続く間、ドメスティック・バイオレンスをめぐる公的な議論はほとんどなされなかった。結審後にある支持者が語ったように、

> 評決のあと何人かの陪審が言っていた。「これは殺人の裁判なのに、なんでドメスティック・バイオレンスの話になるんだ？」陪審たちはドメスティック・バイオレンスと殺人の関係性も、なぜドメスティック・バイオレンスについて説明されたのかも理解していなかった。それに気づいたとき、前者の結果として後者が起こるのは非常によくあることなのだと人々に知らせるために、取り組むべきことはまだまだあるとわかった。

最近のＷＨＯ（世界保健機構）の研究によると、世界中で殺害される女性の三八％は、自分と親密な関係にあるパートナーに殺されている。

シンプソン事件から四年後の一九九八年、ワイオミング州ララミーでのマシュー・シェパード殺害事件はホモフォビアに対する世界的注目を集めた（ただしシェパードの性的指向が殺害の動機となったかどうかは、近年では疑問視されている）[4]。シェパード殺害の一年前、ララミー郊外で、十五歳のダフニ・サルクが遺体で発見された。服を着ておらず、殴打されていて、十七回刺された跡があった。彼女の恋人とされる三十八歳の男性（サルク

は合意年齢に達していなかったため、虐待者というべきかもしれない）が、殺人ではなく故意故殺で起訴された。シェパードの死の直前のことだ。サルクの殺害は、国レベルでの騒動には発展しなかった。その年の夏ララミーで起きた、八歳の少女クリスティン・ラムのレイプおよび殺害についても同様だった。

三つの殺害事件はいずれも恐ろしいものだったが、後のふたつはほとんど報道すらされなかった。ほかの多くの女性に対する暴力事件同様、それがいつものことだ。もしこれらの犯罪が、新聞の一面とは言わないまでも、中面に載ることがあったとしても、それらは互いにかかわりのない、個々の異常者が起こした特殊な事件として扱われた。白人の少女や女性が殺された事件を煽情的な形で報じるものはあったが、一九九八年に見られたような怒りの反応、ここには何らかのパターンがあり、そのパターンを変えなくてはならないという主張が公的になされたことは、かつてなかった。

ある出来事をきっかけに、堪忍袋の緒が切れる。それが起きる過程は、いつだって謎に満ちている。なぜほかのどの出来事でもなく、二〇一〇年終盤にモハメド・ブアジジがチュニジアで自殺したことが、アラブの春の契機になったのか。[▼5] なぜミズーリ州ファーガソンでマイケル・ブラウンが殺されたことが、それ以前に起きた警察による若い黒人男性の殺害がなし得なかった形で、合衆国中で何か月にもわたる抵抗運動を引き起こしたのか。それは積み重なった緊張を、限界に達した忍耐を、現状に対する怒りと、もっと物事はよくなるはずだし、そうでなくてはならないという希望を、一気に解き放つようなものだった。私は地震がよく起こる土地に暮らしていて、ここではみな、突然に訪れる揺れが、何年も、何十年も、何世紀も続いた緊張の末のものだと知っている。だからといって、地震がいつやって来るのかわかる訳ではないのだ。

二〇一二年の終わりに報道された三つの出来事を通して、女性に対する暴力に関する長きに渡る沈黙が破られた。オハイオ州ステューベンビルで、男子高校生のグループが、意識のない状態の未成年の女性に性的暴行を加えた。マサチューセッツ州アマースト・カレッジの学生アンジー・エピファーノの衝撃的な告白が公に出た。レイプされ、それを報告したことで罰せられ、加害者には何の咎めもなかったという体験を語ったものだ。そしてニューデリーのバスの乗客の女性に対する暴行事件。あまりに暴力的なレイプで、被害者は負傷が元で亡くなった。なぜ地震はこのタイミングで起きたのか？　そこにはいくつかの理由がある。

こうした事件が起きたとき、世界はすでに変化していたのだ。これまでの世代の革新的な仕事のおかげで、重要な問題に関してフェミニストが発言権を持つことが当たり前になり、程度の差はあれ主流になった。フェミニストたちは女性向けメディアや小規模の革新派ウェブサイトだけでなく、主要な新聞、雑誌に登場するようになり、女性にとって重要な問題に関して、誤った描写や矮小化や沈黙を食い止めるための防波堤が築かれたのだ。
ソーシャルメディアの勃興も理由のひとつだ。インターネットとは不思議な場所で、4chanからレディット、リベンジ・ポルノサイトから、偽物の怒りと本物のヘイトに満ちたゲーマーゲイトまで、荒らしやミソジニストや粗探しが趣味の人間で溢れ返っている。[6] ツイッターは、発言力のある女性を黙らせ、レイプ予告や殺害予告で脅すのに世界一便利なシステムとなった。だがソーシャルメディアは、最良の場合にはちゃんとユーザーの役に立つものだし、アラブの春から今年のフェミニストの反乱まで、活動家たちは、私たちの生と世界のドラマを物語るギリシャ劇のコーラスのようなものをそこで創造したのだ。

たとえば二〇〇三年初頭の反イラク戦争デモのように、大規模な政治的デモでは、手書きの声明やジョークや事実が書かれた無数のプラカードが、一つひとつは短くとも、多様な角度から積み重ねられた批評を生み出すことがある。ソーシャルメディアも同じように、コメントを通じて議論を組み立て、疑念を投じ、検証し、補強し、ブログやエッセイやレポートでもっと長い議論を組み立てることができる。それはまるで、思想によって建ち上がる小屋のようなものだ。数えきれないほど多くの人々が、経験や知見や分析や新たな用語や枠組みを持ち寄るのだ。そしてそれらは、日常生活の構造の一部になる。世界が変わるのはそのときだ。そのときかつては急進的な思想だったものが日常生活に織り込まれ、明白で誰もが知ることのように思えてくる。だが実は、そうではない。それは思想と声をめぐる闘争を通じて、暴力的ではない形で勝ち取られたものなのだ。

今年私が目撃したそのような瞬間のうち、もっとも変化を促す力を持っていたのは、アイラ・ビスタの銃乱射事件の後だった。覚えているだろう、「ナンパ師」的なミソジニーに毒され、すべての女性、どんな女性も自分の要求に応えなければならず、女性というジェンダー全体に罰を与える権利が自分にはあるという感覚に取りつかれた若い男が、六人を殺害し、十四人を負傷させた末に自殺した事件だ。ソロリティ［女子学生の社交団体］のメンバーたちを襲撃する計画だったが、結局その途中で出くわした人間を、男性も含み無差別に殺害した。主流メディアの多くは早々と、これが精神疾患によって引き起こされた特異な事件だと論じたが、発信力のある個人の挙げた声とソーシャルメディア上で不特定多数が挙げた大きな叫びが一体となってその議論を押し戻し、これはミソジニストの暴力と銃乱射のパターンの一部にほかならない、と釘を差した。

フェミニズムは、事件を理解するための枠組みを提供することに成功した。ある若い女性が**#女はみんなそう**というハッシュタグを作り、その後、沈黙に追いやられてしばらく姿を見せなかった。でも彼女が始めたことは止まらなかった。女性たちは互いの声に力づけられ、ハラスメントや脅迫や暴力や恐怖についてのみずからの物語を語ったのだ。変化は周縁で始まり、中心へと押し寄せる。ソーシャルメディアは周縁に力を与え、周縁から中心への動きをより迅速なものにした——あるいは、ふたつの違いを不鮮明なものにしたとすらいえる。主流メディアがソーシャルメディア、非主流派メディアで活発に展開されていた議論を慌てて追いかけることもあったのだから。

女性に対する暴力の語られ方が変わりつつあった。突然に、こうした暴力がいかにありふれたものか、それに対してどんな言い訳がなされているかを世界中が語りだし、暴力について語るよりも言い逃れをしようとする男性たちを非難した（そんなわけで、「男が全員レイプ犯というわけではない」というときに男性たちが苦しげに繰り返す「男がみんなそうってわけじゃない」という言い回しが、ハッシュタグ#女はみんなそうに変化した。「そう、女はみんな何らかの仕方でレイプと向き合わざるを得ない」と）。

ソーシャルメディアであれどこであれ、女性たちが語っていることに耳を傾けてくれた男性の多くは、女性が長年耐えてきたことをようやく認識するに至った。そして、積極的にかかわろうとしてくれる男性の存在もまた、今年新しく現れた変化の兆候だった——これは重要だ。というのも、女性にとっての世界を変えるということは、男性にとって許容可能で望ましかった世界を変えることに等しく、そうした世界には、ミソジニー的なふるまいを長年自慢の種にしてきたような集団もいるからだ。女性たちがどんな種類の敵意や危険性に対峙しているのか、自分たち自身がようやくはじめてそうしたことに直面し、どれほどショックを受けたかについて、公に文章にした男性たちもいた。

何十年もの間フェミニズムは女性の仕事とみなされてきたが、白人の参加なしには有色人種の人々がレイシズムについて語れないのと同様、男性たちを巻き込むことなしにセクシズムをなくすことはできない、ということもわかってきたのだった。

ルール変更の後

二〇一四年における語り方の変化がルールの変化を促したことをもっともよく表しているのは、その年の終盤に起きたビル・コズビーとカナダのラジオ界のスター、ジアン・ゴメシに対する訴えの受け取られ方だ。ふたりの男たちは古いルールがいまだ健在だと思っていたようだが、いつの間に世界が変わってしまったのだ。自分たちに対してなされるさまざまな訴えを払いのけようとする彼らを見ていると、壁にぶつかったねじ巻き式のおもちゃを見ているような気にさせられた。車輪は回り続けているのに、どこにも進まないのだ。

二〇一四年十月、職場でのセクシュアル・ハラスメントを理由に、ゴメシはカナダ放送協会（CBC）から解雇された。ゴメシは不当解雇だとして訴訟を起こし、五五〇〇万カナダドルを要求して、お高い広報会社を雇った。もっとも目立ったところでは、自分を訴えそうな人物たちに先手を打つべく、フェイスブックに長文ポストを投稿し、広く閲覧された。彼の主張は、「男たらしの元恋人とフリーライターによる虚偽の訴えからなる組織的な活動のせいで、個人的な性生活を暴露される危険に晒され、結果としてＣＢＣを解雇された」というものだった。ライターと元恋人は、悪意に基づいて完全に合意があった性行為を歪曲して伝え、ＳＭ嗜好を持つ性的マイノリティである自分を攻撃している、と彼は訴えた。要は、自分が被害者だというのだ。それは逆効果だった。

　ある読者たちにとっては、ゴメシの言葉遣いそのものが危険信号だった。復讐心に燃える邪悪な女性が嘘をついて男をトラブルに巻き込むという枠組みそのものが、もっとも使い古されたステレオタイプだったから。暴行されたことを証言する女性に対して、信用度を貶めるために、決まって使われるやり口だった。公共の場でのゴメシのふるまいに触発され、トロント・スター紙は四人の女性の証言に基づく記事を掲載した。合意のない性行為、そして通常性行為とすらみなされない（しかしゴメシは興奮を覚えたらしい）事柄についてのものだった。ゴメシは暴力的な形で、突然襲ってきた、と女性たちは証言した。攻撃されるとわかりきっていたので女性たちは名前を伏せていたが、当初は記事の内容も激しく批判された。

　公的に訴えを起こすのは通例、楽しいことではない。自分の物語を語る必要や、正義が下されるのを見たいという思いが、やりたくない気持ちに勝るのだ。ゴメシのケースでは、女性たちは次々に訴えを起こした。最初は五人、のちにさらに数人が加わった。おそらくもっとも注目を集めたのは、延々続く告発者リストの最初に名を連ねた、有名女優でカナダ空軍将校でもあるルーシー・ドクテアだろう。「突然彼は私の息を塞いで、顔を何度かぶったのです」と、二〇〇三年の出来事について彼女は語った。「顔を殴られたことなどなかったので、完全に震え上がってしまいました。息を塞がれるのは楽しいものではなかったし、何の前触れもありませんでした。そんなことをされる理由はどこにもありませんでした」。そのときにはすでに八人の女性たちが、喉を絞められ殴られたこと、それは合意に基づく性行為の一部ではなかったことを語っていた。これらの女性たちの記録によれば、ゴメシは女性の意思に反して首を絞めたり殴りつけたりすることを望んでいたのであり、実際にそうしたのだ[1]。

　多くの加害者が、自分たちは何をしても逃げおおせるだろうと思っている。被害者が声を持たなかったり信用を得ておらず、みずから彼女たちの声や信頼性を握りつぶし、脅して沈黙に追い込むことができたからだ。ときにルールが変わることもあると知って、加害者たちが明らかに混乱している場合もあった。

　話を聞いてもらい、信じてもらい、尊敬してもらう権利を持つ者がいる一方、あまりにも多くの事件で、あまりに多くの女性たちが、決して話を聞いてもらうこともなく沈黙に追い込まれてきた。これらの物語が明るみに出る一方、決して明らかになることのない物語も数多くあるということも記憶しておかなければならない。何世代もの間そうであったように、被害者が沈黙したまま死亡したり、語り始めるための場が見つかっていなかったり、語ったとしてもそのために嘲笑され、辱められ、攻撃されるケースもあるのだから。ドクテアは語っている。「このひと月で、女性に対する暴力をめぐる語り方の潮目が決定的に変わったのです。私自身も含む多くの人々にとって大変で辛い時期でしたが、感激することもありました。これからも被害者の声が聞き取られ続けてほしいですし、これが私たちが強く切望してきた変化の始まりとなることを願っています」。

コズビーに対する訴えは何年、いや何十年もの間、注目されないままだった。二〇〇五年の民事裁判ではコズビーに性的に暴行されたと訴える十五人の女性たちが集ったが、原告は法廷外で和解に達し、訴訟はさして大きくは報道されなかった。被害者とみなされる人物たちの多くは沈黙を守っていた。十七歳だった一九八五年にコズビーに引きずり倒されレイプされたと訴えたバーバラ・ボウマンが語ったのは、典型的な物語だった。

> 女友だちが弁護士のところに連れて行ってくれましたが、でっち上げだろうと責められたんです。バカにしたような対応しか受けられず、助けを得られるという希望を失ってしまいました。誰も話を聞いてくれないとわかってしまったんです。言っても無駄だと感じていたので、結局警察にも行きませんでした。何があったか友人

たちには話しました。同情はしてくれましたが、何も手の施しようがありませんでした。私はデンバーから出てきて、マクドナルドのコマーシャルに出ているティーンエイジャーでした。彼はビル・コズビーです。アメリカの父親のシンボルみたいなクリス・ハクスタブルを演じていたし、お菓子のジェローのコマーシャルといえば彼でした。最終的には人生とキャリアのため、泣き寝入りするしかありませんでした。

被害者とされる者たちの多くはまだ若く、弱い者たちだった。その弱さは、若い女性が常にそうであったように、声を持たず信頼もされないことの積み重ねでできていた。

この秋、スタンドアップ・コメディアンのハンニバル・バレスは舞台上でコズビーを名指しした。「ああ、でもビル・コズビーよ、お前は女をレイプしてるからな。ふざけるのもいい加減にしろよ」。男がコズビーを批判しないと世間はリアクションしないのか、と不満を漏らす人も多かったが、バレスの行動が意味していたのはもっと別のことだ。女性の話を聞き、それを信じ、彼女たちに起こったことは重大だと考える男性が存在した。なぜ女性がレイプ事件を告発しないのか、ボウマンがそうであったように、いかに彼女たちが信用されず、辱められ、責め立てられ、裁判に引きずり出されてさらにトラウマを与えられるか、そしてレイプ犯が起訴されるのがいかに稀であるか、集中的な議論が起こり、女性たちはかなりの確率で真実を語っているのに、世界は彼女たちに証言する理由すら与えてこなかった、ということを人々が理解するための基礎を築いた。

本当に問題だったのは、コズビーとかゴメシ個人ではない。アイラ・ビスタの乱射事件後に言われたように、女性に対する暴力の加害者は特異的でも例外でもなかったのだから。疫病のように、加害者たちはそこらじゅうに存在する。こうした有名人のケースに利点があるとすれば、この種の犯罪の意味を議論し、より大きな社会問題に踏み込んで、少しでも枠組みを変えるための機会を与えてくれることだろう。有名人に暴行を受けた女性たちの存在は大切だ。合衆国やカナダで、かなりの高確率で性的に暴行され、レイプされ、殺害されている先住民の女性たちの存在も、同様に大切だ。キャンパスや、軍隊や、刑務所でレイプされる女性たちも。性的暴行の被害者になったとき、大変な困難に直面するセックス・ワーカーの女性たちも。警官にレイプされる女性たちもそうだ。膨大な記録が残っているにもかかわらず、犯罪として起訴されるケースは近年ではほとんどない。少なくとも今年、警察に行くのがまっとうな解決法だと考えていた人々も、警察が信用できるとは限らず、こちらの要望に応えてくれず、虐待的になるし、機能不全に陥ることもあると学んだ。レイプのうち報告されるケースはほんの少数であり、報告されたケースのうち起訴に至るのはさらに少数だ。

有名人のケースで大切なのは、過去の犯罪についてようやく信頼されるようになった証言者が僅かながらいる、ということではない。大切なのは、これらのケースが発しているメッセージなのだ。罰が与えられない時代は終わった。これからは、その種の罪を犯してなお逃げおおせることは、それほど簡単ではない、ということだ。言い換えれば、被害者と加害者の勝ち負けを変えるのに十分なほどに、世界は変化したのだ。女性たちはいま、声を持っている。

恥の意識の後

今月、文化行政に携わる私の知人が四十四年前に起こった出来事について語ることを決心した。十九歳で、生きる気力も失い、汚らしいホテルでドラッグのオーバードーズに陥っていたとき、助けを求めた男たちに輪姦された。加えて、起こったことは身から出た錆だとして、医師から屈辱的な扱いを受けた。医師に「告発できるような立場にはない」と言われたのを覚えていた彼女は、その後四十年に渡って沈黙を貫いた。この冬、その沈黙を破るときがついに来たように感じた。

女性にとっても、そして性的暴行の被害者となった男性にとっても、沈黙の大きな要因となるのは恥の意識だ。恥が人々を沈黙させ、孤立させ、同じ犯罪が繰り返し起こるのを可能にしてきた。レイプ被害者の名前は、被害者を「守る」ために秘匿するのがメディアの慣例だが、この伝統には被害者たちを辱められた存在として、彼女たちを不可視にし、孤立させ、沈黙させてしまう効果もあった。「十五分もの間、名声《フェイム》どころかただの辱め《シェイム》を受けるなんて、誰も望まない」と、それまで被害について語ってこなかった理由について、コズビーの告発者のひとりは説明した。レイプは被害者の身体だけでなく、その権利や人間性、そして声を攻撃する犯罪でもある。ノーという権利、自己決定権が、奪い去られるのだ。恥の意識がこの沈黙を永続させる。サバイバーのためのウェブサイトにこんな記述がある。

> 恥には、自尊心の破壊や、加害者が意図的に意思に反する行為を強いることによって、汚らわしく吐き気がするような恥ずかしい気持ちにさせられることも含まれる。恥の感情は、事件を警察に報告するとか、助けを求めようとする意思決定にも影響を与えるかもしれない。（中略）以前の性体験や、暴行の詳しい内容まで掘り返されるに違いないと被害者が信じてしまうこともある。

「彼がこう言った／彼女がこう言った」という言い回しが使われるときはいつだって、「彼女が言った」内容の方に疑いがかけられるのだと、先日キャンパス内での性的暴行事件を扱う専門家が語ってくれた。いままではそれでよかった。だが事情は変わったのだ。女優ジェニファー・ローレンスのヌード写真が盗まれ、オンラインでばら撒かれたとき、初めのうちローレンスは恥の意識に駆られて弁明するという、これまでよくあった反応を見せていた。だがその後、反論に転じた。「誰であれあの写真を見た人間は、性暴力が永続することに加担している。恥の意識で縮み上がるがいい」と、彼女は激しく非難した。二か月ほど後、カリフォルニア州在住の男が、元恋人に嫌がらせをし、辱める目的で女性の雇い主やほかの人々に彼女のヌード写真を見せ、懲役一年の判決を受けた。カリフォルニア州は、リベンジ・ポルノというカテゴリーの出現後、それに関する法案を通過させた州のひとつだった。

ニューヨークのコロンビア大学の芸術学専攻の学生、エマ・サルコウィッツは、寮の自分の部屋で知り合いの学生にレイプされたことを訴え出たが、法律でも学内制度でも対処してもらえなかった。それに対して彼女は、最初はもっと普通の反応を取っていたが、やがてキャンパスにいるときはいつでもマットレスを持ち歩くようになった。最初は静かにしていようとした。次いで大学に事件を裁くよう懇願した。が、大学の対応にしろ、警察に行くことにしろ、意味のある回答を与えてはくれなかった。そこで彼女は、芸術に訴えることにしたのだ。同級生が評したように、彼女は「自分だけでなくみんなに恥をかかせることにした」のだ。自分が暴行した女性が素晴らしい芸術家で、自分についてのパブリックなパフォーマンスが国際的な注目と幅広い支持を集めているとわかったら、さぞかし居心地の悪いことだろう。

　しばしば何十年も、あるいは一生の間、恥は人々を沈黙させ、孤立させる。語ることは共同体を生み、アクティヴィズムの呼び水となる。キャンパス内の反レイプ運動の大いなる成果がなくして、サルコウィッツの不敵なふるまいを想像することは難しい。アンドレア・ピノやアニー・クラークといった、キャンパス内のレイプのサバイバーから運動家となった人物たちや、全米の大学と争ってきたSafer（レイプを終わらせるための学生運動）のような組織によるものだ。サルコウィッツのすばらしい着想は、彼女が背負った重荷を可視化したことだった。それによってほかの人々もその思いを共有できるようになったのだ。連帯は、暴力に対するフェミニストの運動の大きな部分をなしている。

　サルコウィッツの運動では、あなたも実際にマットレスを運ぶことができる。昨年の九月、彼女が大学の建物から出てくるのを見かけた。ブロンドの髭面の学生が彼女を助けていて、それから若い女性たちの一群が現れ、数時間マットレスを預かっていた。ある美しい秋の朝のコロンビアで、彼女たちはまるで棺をかつぐ人々のように、長い青色のマットレスを高く捧げ持ち、どこにでもいる若い女性たちのようにくすくす笑いながらおしゃべりに興じていたが、同時にこの闘争のシンボルを上の階だろうが廊下だろうが運んでいって連帯を示そうという、断固とした意志にも溢れていた。サルコウィッツはレイプを目に見える重荷に変えた。コロンビア大学に自分とその加害者とされる学生がいる限り、彼女はマットレスを持ち歩き続けるだろう。そうすることで恥の意識を、本来それを持つべき人間に差し戻しているのだ。

合衆国でもっとも保守的な地域のひとつ、オクラホマ州ノーマンで、三人の高校生が同級生にレイプされた。二〇一二年にオハイオ州スチューベンビルで同級生をレイプする様子を撮影した男子高校生たちと同じように、このレイプ犯も動画をばらまき、二〇一四年九月、こうした行為の最新ケースとなった。それまで起きたほかの多くの高校でのケース同様、ノーマンでも被害者は同じ学校の生徒たちに嘲笑され、いじめられた。高校側も守ってくれず、逆に退学するよう被害者たちに勧めた。そこまでは、それ以前に起きたあまりにも多くの事件と同じだった。

だが突然流れが変わった。レイプ犯とされる学生によって自分の行為をバラされて追い込まれた別の男子学生が、自白のような自慢のような動画を撮影したのだ。二〇一四年十二月、最初のレイプ犯が警察に起訴された。同じ高校の生徒ダニエル・ブラウンを含む女性のグループが担い手となって、ハッシュタグ#娘たちはみんなそうを立ち上げ、高校に請願を出した。二〇一四年十一月二十四日、抵抗運動を展開する何百人もの学生たちがデモの一環として街を練り歩き、最終的にその数は千五百人にものぼった。これから先は、同じような話を何度も何度も読まなくてもよくなるのかもしれない。おそらく若い男性たちは、そうした犯罪によって男を上げられるとか、罰せられずに逃げられるとか思うのをやめるかもしれない。恥の意識は、本来それを持つべき人間に返されるのかもしれない。

私が語っている北米の物語は、権力の変化をめぐる物語だ。それはひとつには、誰の物語が語られ、信じられ、誰が語るかについての変化なのだ。

今年は調和に満ちた年ではなかったし、男性の怒りもまたその風景を彩っている。荒らしや、男性の権利運動を展開するミソジニストたち、ゲーマーゲイトで騒いでいる奴ら、そして現実に暴力をふるう者たち。暴力はいまだ止む気配がない。カリフォルニア州のキャンパス内の性的合意をめぐる「イエスと言わなきゃイエスではない」法案に対するヘテロ男性たちの芝居じみた反応を見れば、自分たちが性的に、また社会的にかかわる相手は、声と権利を持ち、法律に守られているんだと気づいた彼らの危機感が伝わってくる。言い換えれば、彼らは世界が変わってしまって、がっくりきているのだ。だがもっとも大事なのは、世界が変わったということだ。女性たちは、いつ始まったのかもわからないあまりに長く続いた沈黙から、姿を現し始めている。この騒々しい年は、ことの終わりではない――おそらくは終わりの始まりなのだ。

（二〇一四）

原注

［1］——二〇一六年三月、四件の性的暴行と一件の首絞めについて無罪となった。裁判では、ゴメシの弁護士は被害者たちをいびり倒し、判事は彼女たちが嘘をついたり証拠を隠したりしていると責め立てた。ゴメシは謹慎保証書にサインすることで、二度目の性的暴行裁判を回避した。

訳注

▼1——「イエスと言わなきゃイエスではない」法案は、キャンパス内での性的合意から曖昧さを排除した画期的法案。一九九〇年代から主流となった「ノーと言ったらノー」という性的合意の定義では、被害者に意識がないなど、ノーの言葉が物理的に介在しない状態での性的暴行が合意ありとみなされてしまうケースがあり、問題視されていた。

▼2——ディラン・ファローは米国の女優ミア・ファローの娘。母が結婚していた映画監督ウディ・アレンに性的に虐待されていたと告白した。ナイジェリアの女子生徒たちは、テロ組織ボコ・ハラムにより拉致され、人身売買などの犠牲になった。シリコンバレーの億万長者とは、インド系米国人のネット実業家、グルバクシュ・チャハルのこと。

▼3——O・J・シンプソンが元妻とその友人を殺害したとされる事件の公判は、シンプソン逮捕時のカーチェイスや、被疑者に不利な証拠を発見した判事の人種差別主義などから、米国でも歴史上もっとも注目を集めた裁判のひとつとなった。数々の決定的と思われる証拠が提出されたが、陪審は全員一致で無罪判定を下した。

▼4——ワイオミング大学の学生、マシュー・シェパードが殺害された事件は、被害者が同性愛者だったことからヘイトクライムとして注目を集めた。

▼5——二〇一一年、チュニジアの露天商モハメド・ブアジジが、役所の対応に抗議して焼身自殺し

た。この事件はチュニジアで革命が起こる契機となり、アラブ諸国で同じ機運が高まった。

▼6――4chanとレディットはそれぞれ日本の2ちゃんねるの英語版といえる掲示板、ソーシャルニュースサイト。ゲーマーゲイトは同名のハッシュタグを使った、ゲーム文化における性差別をめぐる一連の論争、およびそうした嫌がらせやいじめに加担する人物を指す。

フェミニズム――男たちの到来

インドの首相と、元NFLのパンター、クリス・クルーと、コメディのスーパースター、アジズ・アンサリに共通していることは何か？[1] バーに入って行ったことではない。アンサリならおそらくうまくオチをつけられるだろうが。[2] 彼らはみな今年フェミニズム支持を公言し、予想外に次々に現れた、「女性問題」と通常呼ばれてきたものに積極的にかかわり始めた男性たちの一員だ。女性に対する暴力と差別は、被害者が女性なので女性問題といわれるわけだが、加害者のほとんどは男性なのだから、考えてみればそもそも「男性問題」だったのかもしれない。

男たちの到来は潮目の変化を示している。フェミニズムにとって素晴らしいものになったこの年、いくつかの重要な法案が改正されたのと呼応して、問題の語られ方も変わり新しい声と担い手が現れた。男性たちの出現も、そうした一連の流れの一部だった。女性についての問題が重要であることに賛同してくれる男性は常にいたし、それについて発言してくれる人々もいたのだが、こんなに多くの人々が強い影響力をもって語ってくれたのは初めてだった。私たちには彼らが必要だ。だからこの年を、フェミニズムの転換点と考えよう。

その他の点では質《たち》が悪いインドの首相、ナレンドラ・モディが独立記念日に行ったスピーチについて考えてみよう。普通ならこれは、支持率と愛国心を高めるための機会だ。だが彼はそうする代わりに、インドの恐ろしいレイプ問題について力強く語った。「兄弟姉妹よ、レイプ事件について聞くにつけ、我々は恥の意識で首《こうべ》を垂れます」と、ヒンディー語で彼は言った。「十歳や十二歳の娘がいる親たち全員に聞きたい。あなた方はいつも警戒し、折に触れて、娘たちにどこに行くのか、いつ帰るのかと問い続けていることでしょう。（中略）親たちは娘たちに何百もの質問を浴びせますが、どこに行くのか、なぜ出かけるのか、一緒に行く友人たちは誰か、息子たちに聞こうとしたことがありますか。結局のところ、レイプ犯も誰かの息子なのです。彼にも親がいるのです」。

これは素晴らしい発言だった。いまようやく被害者ではなく加害者の責任を問うとしつつある国において、合衆国の反レイプ運動家たちの言葉を借りれば、「レイプするのはレイプ犯」であることを受け入れるための新しい言説が生まれた結果、このスピーチはなされたのだ。つまり、男性による女性の暴行は、女性が長らく責め立てられてきた日常的な行為の数々によって引き起こされるのではない、ということだ。このこと自体、特にこうした分析が男性の口から発せられたということが、大きな変化を象徴している。

この極度に保守的な男性が発した言葉としては、素晴らしいものだ。良識が宿ったからそういう発言をしたのではなくて、むしろモディが、ほかの場所でなされてきた議論を媒介する役割を果たしたことに意義があった。フェミニズムはあまりに強力なので、彼のような人間にすらこうした発言をさせることができたのだ。

最近になってオバマ政権も、「俺たちに任せろ」の標語とともに、性的暴行の被害を受けるかもしれない人々を守るために働きかけを行うよう傍観者、とりわけ男性に呼びかけるキャンペーンを開始した。そのスローガンをまったく的外れだと批判するのは簡単かもしれないが、それでもこれは、この国のキャンパス内で起きているレイプに対する広範な応答の一部を示すものとして、画期的であることは間違いない。

これが意味するところは、私たちのもっとも大きな風向計にも変化の風が届いたということだ。この国でもっとも力を持つ者たちが、自分のふるまいだけでなく、自分の周りの男性たちのふるまいにも責任を持ち、変化を起こす触媒になるよう男たちに呼びかけているのだ。

なぜXはYではないのか

フェミニズムは男性を必要としている。ひとつには、女性を忌み嫌う男性を変えられるからだ。女性にひどいことをし、女性について罵詈雑言を吐く文化が変われば、女性は男性同士がかばい合うのを助長するのではなく、それを防ぐことができるようになる。

男性とひと口に言っても、数えきれないほどいろんな人々がいる。つまり、地球上には現在少なくとも三十五億人の男性がいて、そこにはKKKのメンバーもいれば人権運動家も、ドラァグ・クイーンも、アヒル漁師も含まれる。フェミニズムの目的に応じて、ここでは三つの大きく互いに交差し合うカテゴリーを描き出してみよう。まず前述した（そして後述する）協力者たち。言葉の上でも行動においても怒りに満ちたミソジニストたちや、敵意をあらわにする人たち。オンライン上のさまざまな場所で彼らは跋扈《ばっこ》している（自由になる時間が山ほどあるようだ）——たとえば男性の権利をめぐるフォーラムで、彼らは絶え間なく怒りの炎を燃えたぎらせているし、ツイッターの男たちは発言が目立つ女性と見るやほぼ全員に、脅迫や侮辱を浴びせている。テレビゲームにおけるセクシズムについて勇気をもって語ったメディア分析家、アニタ・サキーシアンに殺害予告を送っただけでなく、ユタ大学で行われる予定だった彼女の講演で、女性たちを大量虐殺するとすら宣言したのだ。そうした世界で殺害予告を受けた女性は、サキーシアンだけではない。#**ゲーマーゲイト**のハッシュタグのもと、本題からどんどん逸れてミソジニストの陰謀論にハマりこんでいったゲーマーたちのことも忘れないでほしい。

最近になって彼らの立場は、自身もかなりゲームをやりこんでいる元プロフットボール選手で、クィアの権利の擁護者かつフェミニストでもあるクリス・クルーによって厳しく批判された。控え目に書かれた文章のうちひとつで、彼はゲーマーの兄弟たちにこう語りかけた。

> 残念ながらお前ら#**ゲーマーゲイター**はどいつもこいつも、この幼稚でクソみたいな考えを擁護してるんだな。こうなれば論理的にいって結論はこれしかない。お前らはみんな自分たちのクズみたいな誇りをアホみたいに信じきってるミソジニスティックな低能野郎で、テレビゲーム業界（とそれ以外）の女性たちに対するハラスメントを支持していて、たくさんの人間が必死に葬り去ろうとしてきた、地下室に籠ってる汗まみれの「ゲーマー」とかいうバカげたステレオタイプを強化してるだけだ。

そこで誰かがクルーに対してツイートした。「とっとと失せろこのクソズベ公。ゲーマーゲートは女を憎んじゃいない」。これに対してはルイスの法則（「フェミニズムについてのあらゆるコメントは、フェミニズムを正当化する」）のヴァリエーションを付け加えておこう。[3] 女性は攻撃されていないとか、フェミニズムは現実に根づいていないとか証明しようとして、女性や女性を擁護する人物を攻撃する者たちは、図らずも正反対のことを証明してしまっているのだが、本人たちはどうも気づいていないらしい。

近頃はあまりにしょっちゅうレイプ予告、殺害予告が起こる。サキーシアンの場合、ユタ大学は大量殺害予告を真剣に受け取ることを拒絶した（講堂に武器を持ち込むことが法的に可能だったにもかかわらず）。彼女が殺害予告を受けるのはいつものことだ、というのがその理由だった。結果として、サキーシアンは講演をみずからキャンセルするほかなかった。

このように、協力者もいれば敵意を持った者もいる。それから、善意からではあるものの、だれか――私の経験ではたいてい女性だが――が長い時間かけて是正しようとしてきた事柄に関して、事実に反した主張をすることで対話に参加しようとする男たちがごまんといる。エリザベス・シムズがウーマンスプレイナーというウェブサイトを始めたのは、このためかもしれない。サイトは、「フェミニズムについてみずからを教育するのに時間を使うほどヒマではない男性たちに」捧げられている。

それ以外でも彼らは、女性の苦難はどんなものであれ男性の苦難に置きかえようとする。たとえばキャンパス内でのレイプについてのオンラインのコメントを見ると、まるで疫病かなにかのように、意識的ではないにしろ邪悪にふるまう若い女性たちが、何も知らない傍観者たちを面倒に巻き込もうとして付け狙うという事態が大量発生しているかのような印象を受ける。『フォーブス』誌が最近掲載し、その後慌てて取り下げたＭＩＴのフラタニティの前代表による長たらしい記事には、「酔った女の客はフラタニティに対する最大の脅威」という題がついていた。

ときに男性たちは、男のせいで女たちが苦しむのと同じくらい、いやもしくはそれ以上に女のせいで男たちは苦しんでおり、そう認めることが「公平性」なのだと主張する。それを言うならいっそのこと、黒人と同じくらい白人もレイシズムによって苦しんでいるとか、この世界に存在する特権や抑圧の程度には差は一切ないとでも論じたらどうなのか。実際にそうしている人々もいるわけだが。

たとえばドメスティック・バイオレンスの加害者には女性もいる、というのは事実だ。だがその総数や深刻さには決定的な差がある。『説教したがる男たち』で私が書いたように、ドメスティック・バイオレンスは、

> アメリカの女性の怪我の原因の第一位を占める。アメリカ疾病予防管理センターによれば、年間で二百万の負傷者のうち、五十万人以上が治療を必要とし、十四万五

千人が負傷当日の入院を余儀なくされている。その後必要になる歯科治療については、耳を塞ぎたくなる人もいるだろうから割愛する。配偶者からの暴力は、合衆国の妊婦の死因の上位にもあがっている。

一方、妊婦の配偶者の死因のトップに来るのは、妊婦その人ではない。要するに、そこに対称性はないのだ。

全員とは言わないまでも、中にはこれを理解してくれる男性もいる（そして気の利いたハッシュタグを作ってくれたりする）。スタンドアップ・コメディアンのアジズ・アンサリが、セクシュアル・ハラスメントを主題にしたお馴染みのパフォーマンスをするのを見た。「気持ち悪い男がうじゃうじゃ」と、追いかけてくる男を撒くためにペットショップに逃げ場を求めた女性を描写して、彼は言った。公共の場で性器を振りかざしてきたり、自慰行為を見せびらかしたり、その他の似たようなグロテスクなやり方で嫌がらせしてくる女性に対処しなければならないなんてことは、男性にはついぞ起こらない、と彼は指摘したのだ。「女たちはそういうクソみたいなことはしないんだよ！」と、彼は叫んだ（フェミニストになったのはガールフレンドのおかげだ、と彼は公言していた）。

フェミニストのスタンドアップ・コメディアンとしては彼以外にネイトー・グリーン、

W・カマウ・ベル、イーロン・ジェイムズ・ホワイト、ルイ・C・Kらが現在目立った発言をしているし、ジョン・ステュアートにも立派なフェミニスト的瞬間があった。

男性が対話に加わってくれるだけでなく、対話にどんどん面白みを与えてくれるのは素晴らしいことだ。ベルやホワイト、テジュ・コールといった黒人男性たちは、抑圧について理解しているためだろうか、この話題に関して類まれな鋭さを見せ、はっきりした言い分と知識を携えている。[4]

コールは書いている。

> 昨夜コズビーに暴行された女性の手記を読んでいて、悲しみに圧倒された。語るのは難しい事柄だが、沈黙することが選択肢にあってはいけない。これは私たちみなにかかわることだ。だが、いま読んでいる男性に言っておきたい。
>
> 男性はみな、レイプ・カルチャーの恩恵を受けている。私たちはレイプ・カルチャーが女性たちに与える痛みに乗じて、前に走り出すことができる。それは明らかだ。女性がコース外にはじき出された隙に、私たちは空いたスペースに収まることができる。女性たちの人間性が奪われるからこそ、私たちの人間性はもっと輝くことができる。加害者、もしくは受益者として、威光を放つことができる。目に見える形で、もしくは見えない形で恩恵を受けているからこそ、声を大にしてレイプ・

カルチャーに反対しようとはしないのだ。

この戦いの同盟者となり、補助的であっても必要な役割を果たさなければならない。何世代にもわたって、永遠と思えるほど長い間戦ってきた女性たちのために。それが簡単なわけがないだろう。そんなことはありえない。

虚偽のレイプの訴えについての強迫観念――便利な綴じ込みセクション

もちろん古い考え方もいまだに力を持っている。レイプが話題になるのを聞いていると（もしくはオンラインで読んでいると）、ほとんど毎回のように男性が飛び出てきて「虚偽のレイプの訴え」という「問題」を提起するのだった。ある男性たちにとってはどうやら本気でこれが、語るべき最初の事柄らしいのだ。男たちはこの主題に憑りつかれているようで、いたるところにいる女性の被害者から、めったに存在しない男性の被害者へ注意を逸らすのに格好のやり方として、しばしば使われる。今後はもう二度と同じことを言わなくて済むように、この主題に関する便利な綴じ込みガイドを作成してみた。

レイプは私たちの文化にあまりに浸透しているので、疫病であると言っても差し支えないだろう。結局のところそれは、五人にひとりの女性（そして七十一人にひとりの男性）

に直接影響し、ほとんどすべての女性がその危険に晒されているような事柄なのだし、あまりに浸透しきっていて、人生の大半の時間を、生き方や考え方や移動の仕方について考え直しながら過ごさないといけないぐらいなのだから、ほかの名前では呼びようがないだろう。ある男性に害を与えるためだけに、女性が虚偽のレイプの申し立てをするのは非常に稀なことだ。もっとも信頼のおける研究においても、レイプの申し立てのうち虚偽のものは二％しかないことがわかっている。つまり、九八％は本物ということだ。この統計ですら、レイプの訴えの二％が嘘だということを意味しているわけではない。レイプされていないのにされたと訴えることと、無実の人物にレイプされたと訴えることはまた別の話なのだから（ところで、個々人の虚偽のレイプの訴えをカテゴリー化して厳密に調べたりなんて、誰もしない）。こうした統計があっても、この話題を何度も何度も何度も取り上げる男たちは後を絶たない。実に何度も。

　そうした訴えをわかりやすく翻案すると、こんな感じになる。

女性：私たちに降りかかってくる疫病があるんです！

男性：このものすごく珍しい病気は聞いたことはある（調べたことはない）けど、われわれの誰かが罹る可能性もないことはない。

もしくは、こんな感じだ。

女性：あなたたちは私たちにひどいことをするけど、全部記録してありますから。
男性：君たちは邪悪な嘘つきばかりだ。特に証拠はないが、君らの持っている事実よりわれわれの感情のほうが理性的だ。

ところでこうしたレイプにまつわる数字を検討するときに覚えておいてほしいのは、ほとんどのレイプは報告すらされないということだ。報告された事例が実際に起訴に至ることもほとんどない。起訴されたケースの大部分は、有罪判決には至らない。レイプ訴訟は一般的に言って、復讐や正義のために行うものとしては楽しくもなければ効果的でもないし、犯罪について虚偽の申し立てをすること自体が犯罪で、警察が親身になって見てくれるような事柄ではない。

いまではわかっていることだが、この国では数えきれないほどのレイプ検査キットが警察で回収されているにもかかわらず、精査のために捜査研究所に送られることは決してない。数年前には、ニューオーリンズ、ボルティモア、フィラデルフィア、セント・ルイスといった都市では、膨大な数のレイプの報告が警察の捜査記録に残ることすらなかったと明らかになった。かようにレイプの被害者にとってシステムはうまく機能していない。警察とは一体どんな人々なのかも思い出したほうがいい。急激に軍隊化しているほぼ男性ばかりの集団で、近年ではドメスティック・バイオレンス事例も高確率を誇り、内部で目立ったレイプ事件すら起きている始末だ。言い換えれば、女性にとって――とりわけ非白人女性、セックスワーカー、トランス女性、その他のマージナルなグループにとっては――男性の性的不法行為について相談したところで、もっとも受け身になってくれる人々とは限らないのだ。

大学はレイプ事件をなぜ警察に報告しないで内部で解決しようとするのか、疑問に思う人もいるだろう。そもそもその多くは解決に至らないのだから。理由は多々あるが、キャンパスがタイトルナイン（一九七二年に制定された、一九六四年の連邦公民権法に対する修正法案）の下、万人に平等な教育の機会を与える義務を持つこともそのひとつだ。性的暴行は、法の下でのそのような平等性を損なうものだ。そして、こと性暴力に関しては刑事裁判システムが崩壊しているという事実もあり、多くのレイプのサバイバーたちは、法システムにかかわることは、暴行と辱めの第二ラウンドのようなものだと感じている。ときにはその過程に耐えられなくなって、訴えを取り下げることすらある。被害者が再度の裁判に耐えられなくなることを期待しつつ有罪判決に控訴することは、判決をひっくり返すための作戦のひとつだと聞いたことがある。

さて、虚偽のレイプの訴えの話に戻ろう。『説教したがる男たち』で、私は次の脚注を付けた。

レイプに関する虚偽の訴えは現実に存在するが、比較的まれである。冤罪経験者の物語は、聞くだにおそろしいものではあるが。英国検察局の二〇一三年の調査によれば、調査期間中に起訴に至ったレイプが五千六百六十一件であったのに対し、虚偽の訴えは三十五件のみだった（つまり百六十件に一件ということになる。一％よりずっと少ない）。二〇〇〇年の米国司法省の報告は、合衆国での件数の概算を示している。年間のレイプ件数は三十二万二千二百三十件であり、そのうち警察に報告されたのは五万五千四百二十四件、逮捕が二万六千二百七十一件、起訴が七千七件である、実刑判決が出たのは、統計に入れられたレイプのうちわずか二％超、報告されたうちの一二％である。

言い換えれば、レイプを報告したからといって犯人を刑務所に送り込める確率は高くなく、レイプの訴えのうち二％が虚偽であるにしろ、訴えの結果有罪判決に至るのは、二％を僅かに超えるほどでしかない（いくつかの統計では三％近くとなっているものもある）。つまり、罰せられずにのうのうとしているレイプ犯が山ほどいるわけだ。そしてレイプ犯というのはたいてい、責められようが訴えられようが、罪を認めたりはしないものだ。

ということは、世にのさばるレイプ犯たちの集団は嘘つきでもあるわけで、レイプされたと嘘をつく女性より、レイプしているのに嘘をつく男性のことを気にしたほうがいいんじゃないだろうか。

もちろん虚偽のレイプの訴えは存在する。[1] この国でもっとも顕著な例は、黒人男性が白人女性をレイプしたとする虚偽の訴えを起こす白人男性のものだろう、と友人のアストラ・テイラーは指摘する。この主題に関して怒りをぶつけたいなら、いかに権力や責任転嫁や虚偽の陳述が、より複雑な全体図を描き出すのか、想起する必要があるだろう。いくつかの事件がある――たとえば、悪名高い一九三〇年代のスコッツボロ・ボーイズ輪姦事件だ。そこでは黒人男性たちを犯罪者にするために、当局が白人女性に虚偽の申し立てをするよう圧力をかけていた。スコッツボロのケースでは十七歳だったルビー・ベイツが、脅迫されたにもかかわらず、後に訴えを撤回して真実を語った。

その後、一九八九年のセントラル・パークのジョギング中の女性のケースがあった。警察は五人の無実のアフリカ系とヒスパニックの十代の若者たちから虚偽の自白を引き出し、（女性検事を含む）司法システムは彼らに有罪判決を与え、投獄した。白人の被害者は瀕死になるまで殴られたために事件のことを記憶しておらず、目撃者もいなかった。二〇〇二年に真犯人が自白し、五人は釈放されたが、犯してもいない罪のために刑務所で過ごした青春時代が戻ってくるわけではなかった。二〇一六年になっても、ドナルド・トランプはこれらの無実の男性たちは有罪だと主張していた。冤罪事件は虚偽の訴えを起こす者の単独責任というより、司法システムの腐敗や不正の結果として起こることが多い。もちろん例外はある。だが私が言いたいのは、それは稀だということだ。

虚偽のレイプの訴えに対する執着はさまざまな理由から生じる。たとえばそれがよくあることであるという幻想だったり、女は生まれつき二枚舌で、人を操ることに長け、信頼できないという、昔からある中傷だったりする。これがしょっちゅう話題になるのは、男性は女性よりも信頼に足るという、なんだかよくわからない自負心のためだろう。そしてそれもいま、変わり始めている。自負心という言葉で私が言おうとしているのは、既得権ということだろう。フェミニストの男性たちが言おうとしているのは、こういうことかもしれない——ついに男にも説明責任が求められるようになってきて、男たちはそれがおそろしいのだ。怖がってくれるのは、いいことなのかもしれない。少なくとも、その感情は信用できるから。

どうすれば惑星が居住可能になるか

長らく存在してきた状況を簡潔に描き出そう。街角で女性が嫌がらせされる場合にしろ、ツイッターユーザーがオンライン上で沈黙に追い込まれる場合にしろ、妻が夫に殴られる場合にしろ、かなりの数の男性が女性を憎んでいるのだ、ととりあえず言っておこう。自分たちには女性を辱め、罰を与え、沈黙させ、暴力をふるい、その存在を消し去る権利があると信じている男たちもいる。結果として、女性は日々、おそるべき暴力と危険な空気に晒され、もっとこまごました侮辱とか攻撃によって押さえつけられてもいる。だから、南部貧困法律センターがいくつかの男性権利団体をヘイトグループとして分類していることにも不思議はない。

この文脈で、レイプ・カルチャーについて考えてみてほしい。その根底には憎しみがある。スポーツチームやフラタニティで起きるレイプは、他者の権利と尊厳と身体を侵害するのはクールなことだ、という思い込みに基づいている。そうした集団行動は、男性性とは何かについて性犯罪者が抱く怪物的な概念に根差している。多くの男性はそんな概念は支持しないが、それでも私たちすべてに影響を与える概念であることには変わりない。そしてそれはまた、女性にはできない形で、男性たち自身が是正できる問題でもあるのだ。

先日の夜、知り合いの天体物理学者による、惑星を居住可能にするもの――気温、大気、星との距離など――についての講演を聞きに行った。会場を後にするとき、カリフォルニア科学アカデミーの外にある真っ暗な公園に車を止めてあったので、帰るときは友人の友人である若い男性にそこまで付いて来てもらおうかと思っていた。でも天体物理学者と私は話し込んでいたので、その必要にも思い至ることなく、車までふたりで歩いていき、その後わたしが運転して、彼女が自分の車を止めた場所まで送り届けた。

それから二週間前、私はエマ・サルコウィッツと若い女性たちのグループがコロンビア大学の授業の合間にマットレスを運ぶのに参加していた。前のセクションで書いたように、サルコウィッツは芸術学専攻の学生で、レイプされたことを報告したのに大学当局からもニューヨーク市警からも公正な対応らしいものは何ひとつ受けられなかったのだった。その扱いに対して、彼女はパフォーマンス・アートの作品を通して、自分を襲った苦しみについて証言することにした。キャンパスにいるときはいつでもどこでも、寮の部屋のマットレスを持ち歩くことにしたのだ。

メディアの反応は目覚ましいものだった。[2] ドキュメンタリー映像撮影チームもその日は一緒だった。撮影担当の中年女性は、もしキャンパス内での性的合意基準が自分の若いころに存在していたら、もし女性にノーという権利があり、男性が女性の決定を尊重する義務があると知っていたら、自分の人生はまったく違ったものになっていただろう、と語った。しばしそれについて考えてみて気づいた。私の人生だって同じだ。十二歳から三十歳までの間、性犯罪者たちから逃れて生きのびるためだけに、あまりに多くのエネルギーを費やしてきた。自分のジェンダーが理由で、会ったこともない他人とか、ちょっとした顔見知り程度の人間に辱められ、傷つけられ、殺されるかもしれないとか、そんな運命を避けて通るためにいつも警戒していないといけないとか——まあ、そう気づいたからこそフェミニストになったわけだけど。

　私は環境の観点から、この惑星を居住可能なものにしておくことに心を砕いているが、女性が常にトラブルや危険に巻き込まれるのを恐れることなく自由に街を歩ける、そんな居住可能な場所にこの星がなりおおせるまでは、力をフルに発揮できずに実際的な、そして心理的な重荷を抱え続けることになるのだろう。だからこそ、気候変動が世界でもっとも重要な問題だと考える人間として、私はフェミニズムと女性の権利についても書き続けるのだ。世界を変える可能性を少しでも大きくしてくれて、いま起こりつつある変化の一部となってくれた男性たちを祝福しながら。

（二〇一四）

原注

［1］――このエッセイを書いてから、『ローリングストーン』誌がヴァージニア大学のレイプ事件の記事を掲載し、取り消すということがあった。記事は被害者とされる人物にフォーカスしていたが、その証言はファクトチェックが入っておらず、不正確なものだった。主流メディアとツイッターランドの住人たちはこの事件に執着し、被害者とその嘘を大々的に報じた。やがて虚偽のレイプの訴えはヴァージニア大学が抱える大きな問題だとまで言われ、大学には連邦政府の捜査が入り、何年も前の性的暴行事件までさかのぼって、十数件の事件の不正な取り扱いが指摘された。二〇〇四年、シャーロッツヴィル・フック紙はこう報じていた。「過去五年間、六十名のヴァージニア大学の学生が、知人の学生から性的に暴行されたと報告した。だが大学側のさまざまな情報源によれば、この間、犯人はいずれも退学処分も停学処分も受けなかった」。だが『ローリングストーン』の大失敗の後では、十二件のニュース記事で、大学では一件しかレイプ事件がなく、その一件も虚偽のものだった、という印象を与える書き方がされていた。

［2］――これを書いた後、サルコウィッツはソーシャルメディアや、男性の権利運動などあらゆるところから激しい攻撃に晒された。二〇一六年現在、彼女の名前を検索すると最初に出てくる候補は「エマ・サルコウィッツ」で、二番目は「エマ・サルコウィッツ　嘘つき」となっている。コロンビア大学のキャンパスには彼女を（TVドラマのタイトルをもじって）「プリティ・リトル・ライアー」と呼ぶポスターが貼られ、@fakerapeというツイッターのアカウントが彼女を追い回し、やがて差し止められた。

訳注

▼1――インドの首相はこの年就任したナレンドラ・モディを指す。女性に対する暴力に対し「ゼ

ロ・トレランス」政策を採ると宣言した。元NFLのパンター（陣地を回復するためにパントキックを蹴るポジション）のクリス・クルーは、同性婚支持で知られる。アジズ・アンサリはインド系米国人コメディアン。二〇一四年にフェミニストであると公言。その後二〇一八年にある女性から性的不正行為があったと訴えられた。

▼2――「男がバーに入って行く」描写から始まる、古典的なジョークの型を指す。

▼3――ここで言及されるフェミニズムについての「ルイスの法則」は、英国のジャーナリストヘレン・ルイスが二〇一二年に初めて用いたものをいう。本来の「ルイスの法則」は上皮細胞に関するもの。

▼4――ここに挙がっているなかで、テジュ・コール（一九七五―）だけは、コメディアンでなく作家。代表作に『オープン・シティ』（原著二〇一一）など。

七つの死の一年後

一九八八年、写真家のリチャード・ミズラックは、米国および英国の核兵器が千発位上爆発したネヴァダ核実験場で、射撃練習の標的として使われていたらしい二冊の『プレイボーイ』誌を見つけた。見ているうちに風がページをめくり、歌っているレイ・チャールズの写真をあらわにした。雑誌のどのページにも星座のように銃弾の穴があちこちに空いており、その穴はぎざぎざで、周りの紙にはいくつもの裂け目が走っていた。ミズラックの記憶では、レイ・チャールズの「エクスタシーが、雑誌を打ち抜いた銃弾によって叫びに変わった。二冊の雑誌の表紙の女性たちが標的になっていたのだが、そうやって象徴的に特に女性に対して向けられる暴力は、私たちの社会のあらゆる層を貫いていた。社会のあらゆる側面が……暴力で満たされていたのだ」。

どれもこれも銃弾によって切り裂かれた、男女のセレブリティや風景や商品や映画の一場面を写し出すミズラックの巨大なカラー写真に私は思いを馳せ、それからふたたび、一年前の今日起きたアイラ・ビスタ虐殺事件について考え始めた。二〇一四年五月二十三日の夕方、二十二歳の若者の襲撃により、六人が死亡し、銃弾がかすめたり身体に車をぶつけられたりして、それ以上の数の人間が負傷した。容疑者は持っていたピストルで自殺した。

その晩のアイラ・ビスタの天気はさわやかだった。ＵＣＳＢ（カリフォルニア大学サンタバーバラ校）に隣接する、沿岸部に発展した土地で、凝った名前のピザやブリトーの店や、フラタニティやソロリティの建物、アパートが軒を連ねていた。学生たちは短パンにＴシャツや水着姿で外に出て、友人たちとスケートボードや自転車に乗ったり、そぞろ歩いたりしていた。その名を記憶されるべきでない、コロンバイン襲撃事件の犯人たちのように崇められることがあってはならないその殺人者は、そこに住んで三年になるのにひとりも友人がいなかった。セックスや尊敬や友情や成功を与えてくれない世界に対する復讐として、彼は長いことその大殺戮を計画していた。特に憎しみを向けていたのは女性たちや少女たち、その同伴者の男性たちだった。

ハリウッド映画産業の周縁で育った若い男がその日公開した自伝は、その薄っぺらさと特権意識において際立っていた。きつい言い方に聞こえるだろうが、共感や想像力や他人の人生にかかわろうとする意識が完全に欠如した彼の様子は、そうとしか描写しようがない。精神的に病んでいたと言われることも多かったが、むしろ自分の周りの社会、その最悪の部分がもつ狂気に、とりわけ影響されやすい人物であったように思える。

彼のミソジニーは私たちの社会のミソジニーだ。宝くじに当たって裕福になり、尊敬され、性的にも成功したいという悲しい夢は、凡庸で広くマーケティングされたものに過ぎなかった。ブランド製品やステータス・シンボルに対する彼の執着は、まさに広告業界が私たちの頭に刷り込もうとしているものだ。銃口を向けることで権力と地位を得られるという幻想は、反銃規制圧力団体や、無敵の超人があやまたず悪漢を撃ち抜き、銃によって神となる筋書きのアクション映画が作り出したものだ。「まず手始めにピストルを買った」と、長らく計画してきた大量殺戮について彼は書いた。「それを手に取って部屋に持って帰ると、新しい力の感覚が芽生えた。俺には武器がある。**いま最強の男《アルファ・メール》なのは誰だと思う？　クソ女ども。**過去に自分を見下してきた女たち全員を頭に浮かべ、こう思った」。

　計画通りにその日、彼は自分の住んでいたアパートで三人の男性を刺殺した。一度につきひとり、待ち伏せして刺したようだった。ふたりは彼のルームメイトで、ひとりは訪問客だった。それぞれ二十歳のウェイハン・ワン、同い年のチェン・ホン、そして十九歳のジョージ・チェンだった。それから彼は銃を持ち、この世でもっとも美しい女たちがいるはずのソロリティに向かい、ひとり残らず殺すつもりでドアを激しくノックした——「ホットなブロンドの女たち。いつだってああいう女たちを手に入れたかったのに、向こうが俺を見下してくるせいでうまくいかなかった。甘やかされた冷酷で邪悪なクソ女ども」。怒ったようにしつこく続くノックの音を警戒して、ソロリティの玄関ドアを開けようとする者はいなかった。そこで殺人者は代わりに、表にいた女性三人を撃った。二十二歳のキャサリン・クーパーと十九歳のヴェロニカ・ワイスは死亡。もうひとりの女性は、通行人と保安官代理の助けを得て一命を取り留めた。車に戻ると彼は急ハンドルを切って通行人を轢き殺そうとし、数人を弾き飛ばし、数人の身体をつぶした。轢き損ねた者たちに、さらに多くの銃弾を浴びせた。六人を殺害し、十四人を負傷させた。

　自殺する直前に彼が命を奪ったのは、友人たちと外にいて、隠れようとコンビニエンスストアに入った者たちの最後尾にいたクリストファー・マイケルズ＝マルティネスだった。二〇一四年五月二十三日の午後九時半ごろ、保安官の報告書によれば弾丸は「左胸部から入って右胸部へ貫通し、肝臓と右心室に穴を開けた」。運動好きの英文学専攻の学生、友人と遊びに来ていた二十二歳のクリストファー・マイケルズ＝マルティネスは、十九歳の女性による懸命の救助の試みもむなしく、コンビニエンスストアの床で即死した。数日後、店の外の舗道にろうそくと花を飾り、即席で催された追悼式で、その女性は回顧した。「下を向いてＣＰＲをしてたら、彼の顔に見覚えがあって。新入生のオリエンテーションで、最初に会った人だったんです」。

「あと一日だけクリストファーと過ごせるなら、自分の全人生を捧げても構わない」。

二週間ほど前に、クリストファーの父親リチャード・マルティネスは私にそう語った。「でもそんなことは起きっこない。だから代わりに、これをやっています」。――それはエヴリタウン・フォー・ガン・セーフティーという団体とともに彼が行っている銃規制運動を指していた。「どんな親にも、私たちにとっての息子のような愛する子どもたちを失うような目には遭ってほしくない。これは命を救う作業だと思っています」。あの晩、六名の若者たちが亡くなった。彼らにはみな家族がいた。リチャード・マルティネスと、青年の母親、いとこたち、友人たち、ガールフレンド、同級生たちを襲ったのと同じくらいの悲しみを感じていたことだろう。

　彼の叔父、アラン・マルティネスはサンフランシスコに住む建築士で、私の友人だ。彼は甥を愛し、キケロや、アルハンブラ宮殿や、ＡＩＤＳや、仏教や、その他ありとあらゆる話題について彼と論じたのを覚えている。緑のカリフォルニアの山に寝転んだ叔父と甥を写した写真がある。ふたりとも、同じジョークで笑っているのか、それともただその瞬間が楽しくて仕方がないのか、満面の笑みを浮かべている。そして、甥の亡くなった次の日には記者会見があり、アランはリチャードの隣に立っていた。しわがれて憔悴した声で、リチャードは「もうこれ以上誰も」と言った。その言葉は、彼が展開する銃規制キャンペーンのスローガンになった。

　堂々とした体軀で暗い色の髪、白髪交じりの髭を持つリチャード・マルティネスが最後にクリストファーと話したのは、彼の死の数時間前のことだった。ＵＣＳＢの学生だった息子は、翌年ロンドンに留学するのを楽しみにしていた。もしもう少しだけ長く電話で話していたら、あるいはもう少しだけ早く電話を切っていたら、クリストファーはいまでも生きていただろうか。リチャードはそんな風に思うことがある。

　この父親に会うたびに、息子がどんな人物だったかを理解するようになっていった。思い出話や写真や携帯の動画のなかに、ハンサムで活気にあふれ生き生きとして、運動能力と知性に加えて、親切なことでも定評のある若者がいた。茶色い髪と目をした彼は、人を惹きつける笑顔と、喜びと、人生に対する好奇心に溢れていた。十六歳のとき、彼はスカイダイビングをしたいと言い、両親はそれを許可しなかった。それから四年後、死の数か月前に彼はそれを実行した。彼の死後、誰かがリチャードにその動画を送った。今月初めにリチャードは、それを私に見せてくれた。黄色のジャンプスーツを着たクリスが飛行機に乗り込もうと準備しているところ。インストラクターとともに青空を急降下していくところ。パラシュートが開いて、ゆっくりとカリフォルニアの緑の大地に降りていくところ。どの瞬間にも彼は満面の笑みをたたえていた。強い生命力に満ちていた。そして死んでしまった。

　マルティネスにとって唯一の子が、失われたのだった。彼はチャリティーやキャンペーンでよく配られる類のゴムのブレスレットを右手首にいくつも重ねて付けていた。

その一つひとつが、サンディ・フックやほかの銃乱射事件によって、合衆国のどこかで銃で命を落とした子どもの死を悼んでいた。彼はそれらを選り分けて、いつどこでどの被害者が殺されたときのものか、語ることができた。墓地のような腕。犠牲者の親たちは、キャンペーンの一環としてこのブレスレットを配った。それは打ちひしがれた者たちが作った共同体だった。事件の数日後に始まり、マルティネスと話すたび、彼はこの耐えがたい痛みに意味を見出すために、何か行動を起こさなくてはならなかったのだと思わされる。避けることは不可能であるにしろ、痛みとともに何かをすることはできるだろう、と。彼は長年勤めてきた公選弁護人の職を離れ、旅に出た。

　この凶暴な殺人事件の原因については、いろんな見方をすることができるだろう。フェミニストたち（そこには私自身も含まれる）は昨年、ミソジニーと、女性たちは自分に借りがあり、彼女たちから快楽や賛美を引き出すためなら自分は何をしてもかまわない、という殺人者の憤怒の念にとりわけ関心を寄せた。この無差別犯罪をめぐる議論は、女性に対する暴力についてのより大きな議論に加わった。男たちがつぎつぎに現れては「男がみんなそうってわけじゃない」と言い、ハッシュタグ#**男がみんなそうってわけじゃない**を使った。「男がみんなレイプ犯や人殺しってわけじゃないんだから、男性の暴力のパターンについて語るべきじゃない」というあれだ。そこで「金色の棘」というアカウント名を持つ若い女性は、ハッシュタグ#**女はみんなそう**をツイートした。

それが意図していたのは、そう、男がみんなそんな犯罪を行うわけじゃないことぐらい私たちは知ってるけど、大事なのは、すべての女性がそういう犯罪によって影響を被る、ということだ。アイラ・ビスタ事件後の数か月でハッシュタグはヴァイラル化したが、「金色の棘」はあまりに多くの脅迫ツイートを受けて、姿を消してしまっていた。暴力について語ることですら危険なことなのであり、嘲笑的なコメントや猥褻な画像や脅迫を投稿した男たちは、彼らがしていることこそ、フェミニズムが必要とされる理由そのものだということに気づいていないようだった。**#女はみんなそう**は、おそらく近年でもっとも広く使われたフェミニストのハッシュタグだった。そうしたハッシュタグは、フェミニストたちが集合的に対話したり、暴力とそれを生きのびることについて証言を行うのを助けてきたのだ。

　あらゆる暴力には、特権意識と権威主義が含まれている。殺人者が他人の命を奪う、という言い方がある。奪うとは、所有権を得るということだ。それは盗むこと、所有者としての特権を保持することであり、誰かの命を、まるで自分のものであるかのように扱うことなのだ。人の命は、自分のものではない。加えてアメリカには巨大な武器庫と、それによって引き起こされる大惨事がある。この国では一日に九十一人が銃殺されている。合衆国では一年に一万二千件の銃を使った殺人事件が起こる。マルティネスの組織、エヴリタウン・フォー・ガン・セーフティーによれば、これは他の先進国の二十倍以上の頻度だ。銃を使った殺人は増えてはいないように見えても、十年前より撃たれる人が減っているわけではない。より多くの人々が銃で撃たれているが、救急病棟と外傷に特化した医療施設の充実があって、救われる命が増えているのだ。二〇〇二年から二〇一一年の間に、致命傷に至らない銃撃の数は二倍に膨れ上がっている。

　私たちはふたつの戦闘地域にいる。ひとつ目は自殺やドメスティック・バイオレンスによる殺人（二〇〇八年から二〇一〇年の間に、三千十一人の女性が男性のパートナーか元パートナーによって殺害された）、その他の殺人や事故死を含む、年間一万二千人の死者を生む文字通りの戦いだ。もうひとつは、意味をめぐる戦いだ。一方には、銃は私たちの安全を守ってくれるものであり、もっと多くの銃をより多くの人の手に、より多くの場所、店舗や、街角や、学校や大学構内に行き渡らせるべきだと主張する人たちがいる。この人たちは「銃を持った善人が銃を持った悪人を食い止める」というシナリオを売りものにする。

　銃を持った人物が混乱した状況に現れ、西部劇の英雄的ガンマンのように、正確にうまく悪人だけを選んで撃ち抜き、善き人々は誰ひとり傷つけずに済ます、なんてことは、まず起こらない。銃がらみのほかのシナリオ――殺人、自殺、おそろしい事故――は絶え間なく再現されている。小さな子どもが銃を見つけ、友人や兄弟や親を撃ってしまうとき、私たちが聞かされるのは、これはおそろしい事故だということであって、武器が簡単に手に入ればこういうことは起こりかねない、とは言われないのだ。銃を増やすことに賛同する議論は、事実についてのものではない。アイデンティティや、支配的で風格がありコントロール能力に長けているという幻想を象徴するものとして、銃を持ち出してきているだけなのだ。そんなものは、アイラ・ビスタの犯人の言葉を借りれば、「最強の男《アルファ・メール》」であることについての、古臭く実現不可能なマッチョの夢に過ぎない。ハードコアな銃所持支持者にとって、武器は自分のアイデンティティを象徴するトーテム的な事物であり、現実に年間一万二千人の命を奪っている道具ではないらしい。

　アイラ・ビスタ虐殺事件に対する反応のひとつは、家族や警察が、他人を傷つけるおそれのある人物から銃を没収するよう法廷に要請することを可能にする、カリフォルニア州法ＡＢ一〇一四番だ。通称「銃暴力禁止命令」と呼ばれるこの法案があれば、アイラ・ビスタで起きた大量虐殺を少なくとも部分的には食い止めることができたか、計画自体を阻止することもできたかもしれない。その月の初めに、息子についての懸念を覚えた犯人の母親はサンタバーバラ保安官事務所に電話で相談していた。二〇一六年一月にこの法律が施行されれば、今後起こりうる殺人を防げるかもしれない。マルティネスによれば、オレゴンやワシントン州でもこうした良法が可決されており、銃の所持権を拡大しようとするテキサスやフロリダの目論見は否決されたという。だが一年前の恐怖に満ちたあの晩には、銃だけでなくナイフや車ですらも、他人を傷つけるために使われたのだった。

　この国で起きる暴力には、簡単な解決法も単一の原因も存在しない。射撃練習の標的に使われた『プレイボーイ』についてミズラックが語ったように、「社会のあらゆる側面が……暴力で満たされていた」のだから。だが社会には同時に、暴力に代わる選択肢も存在している。交渉への意思、生に対する愛、寛容さ、共感といったものだ。これらもまた文化の中で、強い力を持ちうる。無差別殺人が繰り広げられる一方で、人々は慰めや避難所を与え、緊急援助を施した。傷つき死にかけていた人々に毛布をかけ、銃創を圧迫して止血し、ＣＰＲを試みたのだ。その週にＵＣＳＢのスタジアムで行われた追悼式には、二万人が訪れた。だが私たちの最良のものを代表する人々は、私たちと同じく、暴力がいつ何時噴出するかわからない風土の中で暮らしている。

　クリストファー・マイケルズ゠マルティネスの名を冠した奨学金は、社会正義に尽くす英文学専攻の学生に与えられる。カリフォルニア大学サンタバーバラ校では、追悼イベントや展示が行われ、犠牲者の一周忌の会場として庭園が造られている。可決された法案、審議中の法案があり、暴力とミソジニーについてのフェミニストの活気に溢れる議論がある。だが死者は生き返らないし、遺族はいまも喪に服しており、さらなる殺人を生み出すべき状況は、依然として揃っているのだった。


（二〇一五）

レイプ・ジョークをめぐる短くも幸福な近況

レイプ・ジョークは面白いのか？　数年前までのフェミニストの立場は断固としたノーだったように思うが、その後すべてが変わったのだ。実際、過去三年でのレイプ・ジョークの急激な進化は、性暴力やジェンダーやフェミニズムや、誰の声が大切で、誰が語らせてもらえるのか、といった事柄をめぐる公の議論に起きた大きな変化を反響した、さざ波のようなものだ。

　決戦の火蓋が切られたのは二〇一二年、コメディアンのダニエル・トッシュが、レイプ・ジョークは鉄板だとまくし立てていたときのことだった。観客のひとりがこう言ったのだ。「レイプ・ジョークは全然笑えない」。トッシュはこう切り返したと言われている。「あの娘がいまこの瞬間に、五人の男にレイプされたら面白くないか？」そんな言葉を投げつけられた女性はそれをブログに書き、ブログとこの一見は当時かなりの注目を集めた。フェミニズムとコメディにその後起きたことをふまえれば、大昔のことのように思える。

レイプ・ジョークが面白くないというのは、それが被害者の犠牲のもとに成り立っているという原則に基づくからだ。レイプ・ジョークは面白くて仕方ないというのは、そのジョークの語り手やその手のジョークが好きな人間が主張していることだ。

おそろしいことがお前の身に起きるんだ、ハハハ！　女を犯して貶め、そいつの人間性を否定してやるぜ、ホホホ！　俺にとっては笑えるし、お前がどう思おうと知ったことか！

間違いなくそうした語り手のひとりだったサム・モリルのことは、一応コメディアンと呼んでおいてやるが、この手のジョークが十八番だった。「元カノが絶対ゴムをつけさせてくれなかったんだ。あれは大きかったな。薬《ピル》飲んでたんだよね」。間。「ハイ笑うところ」。意識のない被害者とのセックスはあまりにネタとして面白すぎるので、アメリカでもっとも評価の高いスタンドアップ・コメディアンですら何十年もやっていたらしい。といっても二〇一二年当時は、まだビル・コズビーの件は大事になっていなかったのだが。

議論が始まったとき、人々はパンチ・ダウン（立場の弱い人間を笑いものにする）とパンチ・アップ（特権を持つ人間や現状を笑い飛ばし、国家すらネタにする）の間の線引きをした。当時存在していたレイプ・ジョークはパンチ・ダウンばかりだった。当時不愉快なレイプ・ジョークを持ちネタにしていたルイス・C・Kによれば、トッシュの一件は「生来の敵同士であるコメディアンとフェミニストの戦い」の一部だった。「ステレオタイプで悪いけど、フェミニストってジョークが通じないんだよな」（いやむしろ、フェミニストの言うことが面白くないと思っていたのは彼らの方だった、と言うべきかもしれない。フェミニストは彼らをコケにしていたのだから）。

C・Kはいろいろと課題をこなして二〇一二年の失態から立ち直り、二〇一三年には、女性をデートに誘ったり一緒に出かけたりするのは男にとってそう簡単ではない、と語った。なぜなら、「男以上に女にとって脅威になるものなんてないんだから、女が男と出かけたいなんて思うはずがないだろ。**俺たちは女にとって最悪の脅威なんだぜ！**世界的にも歴史的にも、女の負傷と傷害の原因の第一位は俺たちなんだ」。その事実自体は面白くもなんともない。聞き手が驚くべきこと、禁忌になっている事柄をネタにするから面白いのだ。少なくともそういう事柄を耳にすると私たちは笑ってしまう。驚きからか、不快感からか、腑に落ちたからなのかはわからないけど。ユーモアと決まりからの逸脱は切り離せないものだが、多くの場合そうした脱線は、おたくの小学生が好きな類のジョーク同様、言語や、論理や、なぜ鶏が道を横切るのかといったことに関する通念を脱線させるものなのだ。

もちろんマーガレット・アトウッドは、ルイス・C・Kが言ったのと同じことを、もっと早くから、ずっと簡潔な形で語っていた。「男は女に笑われるのを恐れているのです。女が恐れているのは、男に殺されることです」。ユーモアのセンスがない男たちこそが、男性の権利運動や、ゲーマーゲイトや、その他のミソジニー的なバックラッシュの支流になっているのかもしれない。復讐がいいこととは思っていないけど、私たちはいま、男の面白くなさを妥当な形で嘆く瞬間を手にしているのかもしれない。

　近年では面白い女たち——エイミー・ポーラー、ティナ・フェイ、キャメロン・エスポジート、マーガレット・チョウ、サラ・シルヴァーマンなど——の活躍も目立っているが、コメディ界の家父長制にとどめの一撃を加えたのは、男だった。ハンニバル・バレスがビル・コズビーを名指しにしたのだ。[1] ついに二〇一五年のタブロイド紙の一面に「アメリカのレイプ犯」と書かれた「アメリカの父」を退位させるべきときが来たのだ。

　バレスが門を開けたのを皮切りに、コズビーネタが解禁となった。一月のゴールデングローブ賞授賞式では、フェイとポーラーがコズビーをズタボロにした。おとぎ話をもとにしたダークな作品、『イントゥ・ザ・ウッズ』に言及しつつ、ポーラーは言った。「そして眠り姫は、ビル・コズビーとコーヒーを飲んでいただけのつもりだったんだよね」。そこでフェイは、コズビーの早口でわざとらしくまくし立てるしゃべり方を真似て、長期化していた訴訟を取り上げつつ、こう言った。「いろんな人に薬を盛りました。向こうは薬を欲しがっていませんでした」。ポーラーもからかいに加わり、そこでカメラは反転して客席を映し出した。反レイプ・ジョークにウケているセレブリティもいれば、ヘッドライトに晒された鹿みたいに固まっている者たちもいた。

バレスが口火を切り、真摯なジャーナリストたちとサバイバーたちの証言が後に続いて、コズビーは失墜した。一月下旬、喜劇界の偉大なる大叔父、ジェイ・レノがこう発言した。「どうしてこんなに女性を信じることが難しいのかわからないんだ。サウジアラビアでは、男に反対証言をするには二人以上の女が必要だ。この国では二十五人はいなくちゃならない」。メジャーなスタンドアップ・コメディアンがジョークのネタになるのを見るのは、何とも皮肉なものだった。これによってフェミニストの笑いは主流にのし上がり、レイプ・カルチャーは弱体化した。これ以上にわかりやすい勢力の交代はなかっただろう。

女性が信頼されず、ほとんど声を持たず、レイプされたと訴え出ても余計に攻撃され、加害者は罰せられずに終わり、さらなる力の不均衡につながるような文化があったおかげで、ビル・コズビーはあんなに長く、手当たり次第に犯してきた罪の罰を受けることなく生きのびてきたのだった。彼は免責権も権力の多くも失い、『ニューヨーク』誌の七月二十六日号には、現在までに報告されている四十六人の被害者のうち三十五人が顔を見せて証言した。これが実質的に、彼の墓石となった。彼女たちの物語が彼を埋葬する。そして、墓石のごとき沈黙からみずからを掘り起こしたのだ。

ケーブル局コメディ・セントラルのエイミー・シューマーの番組には、コズビーについてのスキットがいくつかあった。そのひとつは、彼女がコズビーの弁護人を演じて、陪審にいかに彼らが「アメリカの父」と（コズビーがＣＭに出ていた）プディングを愛していて、その愛が真実や正義にもまして重要なものであるかを確信させようとする、というものだった。それが暴き出していたのは、人々が自分の愛するものを意地でも手放そうとはせず、居心地が悪くなるような事柄を見ようとはしないさまだった。ネタの終わりはひねりが効いていた。楽屋にいるシューマーにコズビーが感謝のしるしに飲み物を送り、彼女が驚いてそれを見た後に、肩越しに流し捨てるというものだった、彼女は知っているのだ。

　しかし偉大な歴史的作品、叙事詩的で、レイプ犯を血祭りにしたすべてのレイプ・ジョークのうちでも『イリアス』級といえるのは、『インサイド・エイミー・シューマー』のスキット、「フットボール・タウン・ナイツ」だろう。それは『フライデー・ナイト・ライツ』（テキサスの高校フットボールを主題にしたＴＶドラマ）のパロディであり、レイプ・カルチャーの論理そのものを痛烈にパロディ化したものでもある。四月下旬に放送されたスキットは新しく就任したコーチが、高校生たちにレイプしないよう教えて、町の大人の無理解と怒りを買うというものだった。シューマーはコーチの善き妻を演じ、夫の仕事の状況が悪化の一途をたどる中、無言で登場するたびに、手にしている白ワインのグラスがどんどん巨大化していくのだった。

　初めのうち、ロッカールームにいるフットボール部の面々は、コーチの「ノー・レイプ」ルールに抜け穴はないか探そうとする。「アウェーの試合ではレイプしてもいいよな？」ノー。「ハロウィーンで女の子がセクシーな猫の格好をしてたら？」ノー。「もし女の方がレイプと思ってても、俺が思ってなかったら？」それでもノー。「もしうちの母親が地方検事で起訴しないって言ったら、レイプしていい？」「この前女の子がイエスって言ってて、それが全然別件のことだったら？」「女の子がイエスって言って、それから頭がイカれたかどうかしたみたいに気が変わったら？」

　高校生たちの議論はまさしく、大学キャンパスやコメント欄で見られる類の論理性や非論理性であり、男性の権利には限りがあり、女性にも権利があると認識するのを拒絶する身ぶりだ。このセクションに続くのは、中年女性たちが「うちのコたち」にできて当然のレイプをさせてくれない、と言ってコーチに唾を吐きかけるという、実によくできた、身の毛もよだつ場面だ（誰であれスポーツ界のスター選手がレイプのかどで訴えられると、原告の若い女性にばかり怒りの矛先が向けられ、被害者ではなく加害者への悪影響ばかり取り沙汰されるという、現実の状況を思い起こさせる）[1]。スキット全体が、レイプ犯になりたい男たちというのは非理性的で言い訳だらけの最低野郎だ、ということについての笑えるレイプ・ジョークになっており、要するに、レイプについてではなく（スキット中ではレイプは起こらない）、レイプ・カルチャーをめぐるものなのだ。形勢は逆転した。フェミニズムは勝ってはいないし、万人の基本的人権を尊重するための戦いは終わっていない。だが勝ち目は私たちにある。戦いはひどく真剣なものであると同時に、ときにはちょっと笑えるものでもあるのだ。

後日譚――この文章を書いてから、シューマーはスキットやその発言において人種に関して悪質なまでに的外れな対応を見せてきた。そのヴィジョンは（そして脚本も）間違いだらけで、ときに彼女の自己弁護は、ストレートの白人女性の感情的ニーズに応えるだけのものに思えた。女であること、とりわけ多種多様な女であることの意味が、革命によってどう変わりうるか、についてのものではなかったようだ。それでも彼女がひとつかふたつは傑作を作った、というのも事実だ。

（二〇一五）

原注

［1］――パロディ紙「ジ・オニオン」は、二〇一一年にこのような見出しを用いた。「大学バスケ界のスター、みずから犯した悲劇的レイプを英雄的に克服」。

訳注

▼1――ビル・コズビーは米国のコメディアン。みずからの名を冠した番組で知られたが、二〇〇四年以降、性的暴行容疑で数多くの女性たちに訴えられ、二〇一八年に有罪が確定した。第一部にも言及がある。なお二〇二一年、公正な審理を欠いたとして最高裁で有罪判決が

破棄され、コズビーは釈放された。

2 ブレイキング・ザ・ストーリー

五百万年来の郊外から逃れて

私たちが何者で、かつてはどうであって、これからはどうなるのかについて話をすると、遅かれ早かれ誰かが、「狩猟者としての男性」というのを持ち出してくる。それは男性についてだけの話ではなくて、女性と子どもにもかかわるものだ。数えきれないヴァージョンがあるのだが、どれも大体こういうものだ。原始時代、男は外に出て狩りをし、肉を持ち帰って、男を頼って家で待っているほかない女と子どもを養った。ほとんどの場合、物語は核家族単位に設定されていて、男たちは自分の家族の面倒だけ見ており、女たちには子どもの世話をし合う共同体も存在しない。どれも決まって、女は繁殖のため抱えざるを得ないお荷物のように描かれている。

二十万年だか五百万年前の人間社会についての主張である割に、この物語の歴史はそれほど古くはない。起源がどこにあるにしろ、この手の話は前世紀の中頃に人気の頂点に達したようだ。以下は一九六〇年代にもっともポピュラーだった物語のひとつ、デズモンド・モリスの『裸のサル――動物学的人間像』からの抜粋である[▼1]。

あまりに長期間子どもたちに依存され、その要求に応えていたために、メスはほとんど永続的に家庭に拘束されることとなった。（中略）「純粋な」肉食動物とは違い、狩猟集団は全員オスでなくてはならなかった。（中略）生殖能力のある霊長類のオスにとって、メスを残して食物を採りに出かけ、たまたま通りかかった別のオスにメスを奪われるなどというのは前例のないことだったのだ。（中略）その答えは、つがいの絆が発達したことにあった。

言い換えればこの物語は、五〇年代後半から六〇年代初頭にかけて、ミドルクラスがみずからの支配的な社会経済上の立ち位置を、種の起源にさかのぼって求めようとする試みだった。まるで五百万年も続く郊外についての物語のようだ。原人男性はみな狩りに出る――年寄りも病人も、先週捕まえた立派なエランドについて、座って話し込んでいる者もいないらしい。彼らは槍と投槍器を手に毎日、一日中仕事に出かけ、原始のタイムレコーダーに打刻する。女たちは子どもたちと一緒に焚火の前でくつろぎ、男が家長らしく戦利品を持ち帰るのを待っている。男が女を食べさせる。女は男の遺伝子を後世に伝える。後に女性人類学者たちが指摘したように、あまりにも多くのこうした物語が、女性の貞節と男性の権力について気にかけている。彼らは**なぜ**女性が忠誠を尽くし、男性が力を持つのかを説明することで、そうした不安を和らげる。貞節と引き換えに、肉の塊がもらえるというわけだ。

一九六六年にはシカゴ大学で「狩猟者としての男性」という学会まで開催され、同名の本も出版された。グーグルで書籍のオンライン版を検索すると、最初に「女性」という言葉が出てくるのは、七四頁の次の文章だ。「動かないのは健常さに欠ける人間や高齢者、女性や子どもである」。狩猟者と採集者についての本であるにもかかわらず、「採集者」という語も同様に、めったに登場しない。もしこの物語がいまなお生き残っていなければ、こうしたことはみな歴史的に興味深いというだけだったろう。ところが、主流の人々からわれらが時代のミソジニストというはみ出し者まで、寄ってたかってこれが私たちの過去の、そして現在の姿についての事実だと触れ回っているのだ。

九〇年代の終わり、歩行の歴史についての本を書いているときに、この進化生物学の奇怪なファンタジーについていくらか学んだ。十年以上に渡り、学術ジャーナルで人間の歩行の進化について書いていた解剖学者、C・オーウェン・ラブジョイの仕事に出会ったのだが、彼はつがいの絆についてのモリスの物語を、技術的により複雑にした論を展開していた。「この新たな生殖体系において、直立二足歩行が現れた。両手が自由になることで、オスはつがいの片方から遠く離れた場所から食べ物を持ち帰ることができるようになったからだ」。歩くのと手を使うのは男の専売特許、というわけだ。女は家にいて、男に頼りきっている。

広く引用されたラブジョイの一九八一年の論文、「人間の起源」には、実際「核家族」と題されたセクションがある。そこで彼は、「狩猟者としての男性」は、「自分のメスたち」がいるモリス的狩猟者――群れの全員ではなく、自分の帰りを忠実に待っていてくれる女とその子どもたちに肉を持ち帰る――と比べると、より一夫一妻主義に近い、と断定している。暖かい気候で大きな動物の死体を運ぶとか、友人たちと一緒に捕まえた獲物はどうするのかと考えると、これは疑わしい。ふつうは獲物を分け合って、共同体全体で大ごちそうを食べようとするのではないか？ それはさて置き、ラブジョイは男が食べ物を提供し、女は待つのだと論じる。「メスの稼働率の低さ」についての理論を、彼は打ち立てたのだ。要約するとこうなる。「核家族と人間の性的行動の究極的な起源は、更新世に大きく先立つものかもしれない」。

「狩猟者としての男性」説に矛盾する証拠は山ほどある。一九五〇年代にエリザベス・マーシャル・トーマスは、ときにサン族として知られる人々とともに、カラハリ砂漠で暮らした。彼らは最近まで、地球上の誰よりも古代に近い生活様式を維持してきたとみなされている[2]。トーマスが学んだように、女性が「あまりにも長期間子どもたちに依存されて」きたために「ほとんど永続的に家庭に拘束される」ようになったというモリスの主張は、サン族のケースにはまったく当てはまらない。

集団の構成員全員が頻繁に移動し、家族単位で集団から離れて行動することもあった。トーマスが出会った女性たちはほとんど毎日外に出て、食べ物を集めてきた。母親たちが歩き回る間、抱いて運ぶには大きすぎ、歩いて付いて来るには小さすぎる子どもたちは、しばしば露営地に残った誰かが面倒を見た。狩猟と採集は完全に独立した活動ではないことをトーマスは明らかにし、「動きの遅い獲物――リクガメや蛇、カタツムリや鳥の雛など――を見つけるのは、採集者でもあった」と語っている。

　食べ物を供給するのは男性だけではないどころか、肉を供給するのも男性だけではなかった。だからといって男性が肉を持って来なかったとか、彼らの存在が重要ではないというのではない。単に誰もが、子どもたちですら、食物を採って来たというだけなのだ。誰の仕事も等しく重要だった。トーマスはある類まれな狩猟者に言及している。エランドを追い詰めることができるほどの運動能力を備えたその狩猟者は、ある日三頭の大きな動物を仕留めた。妻とその母が露営地まで肉を運ぶ人員を確保している間、彼は死体の番をしていた。真に偉大な狩猟者だったにもかかわらず、彼は自分の獲物に関して、行動力ある女性たちと、拡大共同体の助けに頼っていた。トーマスは書いている。「肉は人々をつなぐ。生気を養う食事は、全員のためのものだ」。サン族の男性は個人主義的な生活様式に従って、核家族の家長として狩りをしていたのではなかった。彼らは共同体の一員として行動していたのだ。

イヌイットも肉を共有する、と、二十世紀初頭に数十年に渡って彼らと暮らしていた作家、探検家のピーター・フロイヘンは語っている[3]。フロイヘンにはイヌイットの妻がいて、夫が仕留めたあざらしをあまり分け与えなかったケチな女性を、妻が激しくあざけっていたことについて彼は書いていた。共有は生きのびるために必要でもあるし、エチケットでもある。イヌイットの中には地球上でもっとも純肉食に近い人々もいるが、女性もときには長い狩りの旅に付いて行ったという。というのも、氷点下の世界で服が破れれば、狩猟者たちは凍死することもあるからだ。女たちは衣食住を保つ役割を担っていた。

「理由もなにも、そういうものだから」という、男性の自立性にまつわるよくある物語は、定住した農民や職人、産業労働者や事務労働者の家族のダイナミクスを正しく伝えていない。多くの農民たちは自宅で働いていた。畑や果樹園は拡大された家庭であり、家族も傍で働くことが多かった。職人の妻や子どもたちはしばしば、さまざまな仕方で仕事に参加した。産業革命の時代には、労働者階級の女性や子どもたちは、工場や劣悪な環境で身を粉にして働いた。ちょうどグアテマラや中国やバングラデシュの労働者たちが今日そうしているのと同じように。

　誰もが貢献するのだ。女を依存している者と呼んでも別に構わない。男が同じように呼ばれてもいいのであれば。依存というのはあまり役に立つ尺度とは言えない。相互依存、の方がいいだろう。多くの女性は役に立たないわけでも依存しているわけでもなかったし、現代の多くの女性もそうだ。男が与え、女が受け取るとか、男が働き、女が怠けるといった通念を前提とする「狩猟者としての男性」の物語は、現代の政治的立ち位置を正当化する以上のものではない。この年の初めに、男性の権利についてわめき散らす人物の見本のような男が、ソーシャルメディアに書いていた。彼によると、女性は少しも進化していない。

> というのも、女はまったく働いて来なかったからだ。（中略）そしていまわれわれはみな、女性の退化というこの破壊的な汚水槽の中で日々もがき苦しんでいる。女たちを自分たちだけの世界にぶちこんで助けを与えず、助けや介入なしで死ぬなり生きるなり勝手にさせるべきだ。そうすればやつらも進化に追いつき、人間らしい状態になってくれるだろう。

彼の激しい怒りには現実的根拠がなかった。それが広く受け入れられている信念を極端な形にしたものでなかったら、ただただアホらしいだけだったろう。それは、男性と女性の双方が固定的な別々の役割のうちでしか生きていけないという、人類という種についてのかなり悲観的な見方をもとにしていた。

この考え方には興味深い矛盾が存在する。一方では女はまったく働かないと主張し、他方では、女は子どもを産み育てるという途方もない仕事のために、家なり洞窟なり樹上なりに縛りつけられているしかなかったというのだから。まるで絵画のなかの聖母のように、女性は文字通り、抱きかかえている赤ん坊で常に手一杯であるかのようだ。女たちが母になっても、乳幼児期に集中的に子どもの面倒を見はしても、それは永遠に続きはしなかっただろうし、出産の前後には、そしておそらくは子育て期の真っただ中でも、身動きも取れずにいたわけではないはずだ。

　家父長的な核家族の理想を推進する物語は、歴史上、あるいは先史時代のほとんどの期間を通じて女性が実際にしてきたこととは、ほとんど関係がないのだ。そうした物語は、人間の条件は常に、二十世紀のミドルクラスの既婚で主婦の女性に対して期待されているのと変わらないのだと言いたいようだ。ハンナ・アーレントですら、女性の条件は赤ちゃん製造がほとんどすべてであると述べている。[4] 彼女は古典時代のアテネの具体的状況に触れているが、そこでは財産のある女性、市民の妻たちや娘たちは、主として家に閉じ込められ、生産性も社会参加も限られていた。といってもアテネでは、男性も大して生産力を持たなかった。食物は田舎や遠くの植民地から届くもので、ほとんどの肉体労働は奴隷と農民によってなされていた。つまりアテネの女性たちは、都市の男性たちが食物を生産しなくなる一方、子どもを生み続けていたわけだ。にもかかわらず、とアーレントは、『人間の条件』においてこう語る。「個人の維持は男の仕事で、種の生存は女の仕事だというのは明らかだった。そしてどちらも生来のものであるこうした機能、つまり、滋養を供給する男性の労働《レイバー》と、命を供給する女性の出産《レイバー》の双方に、生を営む上で同等の重みがあったのだ」。

アーレントにとってはどうやら、「男の労働」と「女の出産」のよくできた対称性は抗いがたいものであったらしい。しかし私たちは、抗うべきだ。歴史上ほぼずっと、家事は現在よりはるかに大変なものだった。石炭をシャベルですくい、薪を割り、火を焚き、水を汲み上げ、室内便器を空にし、なにもかも手で洗い、動物を屠ったり世話をしたりし、パンを作り、糸や布や服を縫い上げ、その他のたいていのものを手作りすることが、そこには含まれていた。もちろん有閑階級の女性というのもしばしば存在した。だが彼女たちはたいてい有閑階級の男性たちに嫁いでいたのだ。そして彼らの余暇を可能にしていたのは、狩猟する男性ではなく召使いたちであり、その多くは女性だった。

いずれにしろ余暇は原始時代の人間の条件ではなかったし、いま世界中で生きるほとんどの女性の条件でもない。西洋世界ではごく短期間、産業化が家事の管理を容易にし、多くのミドルクラスの女性が賃金労働者の一端を占めてはいなかった時代があった。そうした女性たちを非生産的な消費者と見ることもできるのかもしれない。ただそのためには、子育てや家屋の管理や働いている配偶者のサポートといった労働を差し引いて考えなければならない。こうした時代は数十年の間続きはしたが、五百万年前に始まったわけではないし、賃金の低下によって多くの女性が労働力になるとともに衰微していった。

現在の合衆国では、女性は賃金労働者の四七％を占めている。これらの女性の七四％はフルタイムで働いている。産業化された国々のほとんどで、これと同じくらいかそれより高い数字が出ている。世界のその他の地域では、女性は作物を育て、水や薪を運び、家畜の世話をし、キャッサバの根をすりつぶし、とうもろこしを手で挽いている。

家父長制――男性支配と、女性のセクシュアリティの厳格なコントロールを要求する父系の血統にとらわれた社会の両方を指す――は、多くの時代と場所において、生活を他人に依存し、非生産的な女性たちをさまざまに生み出してきた。ドレスや矯正によって身体能力を奪われた者たち、家庭に縛り付けられ、法的に、また暴力の脅しに裏打ちされた慣習によって、教育や雇用や職業を制限されてきた者たち。女性は動かない重荷のようなものだと不平を漏らすミソジニストたちもいるが、そもそも女性をそのような状態にすることを目指してきたのがミソジニーなのだ。

反権威主義的なフェミニストの人類学者たちは、こうした物語を覆す試みを行ってきた。エレイン・モーガンは、一九七二年の著書『女の由来――もうひとつの人類進化論』において、「狩猟者としての男性」一派に反撃し、サラ・ブラッファー・ハーディは、より科学的信頼度の高い『女性は進化しなかったか』を一九八一年に出版し、既存の説に代わる理論を提示した。「狩猟者としての男性」学会に参加し、同タイトルの本に寄稿したマーシャル・サーリンズですら、一九七二年出版の学術書『石器時代の経済学』では、狩猟採集者は自由になる時間も食物もふんだんにある生活を送っていたと論じた[5]。

しかしこれらすべての物語の背後には、ある思い込みがある。つまり、私たちのあり方はずっと昔に決定されてしまっていて、同じ状態に留まるほかない、というものだ。そうした論理を使えば、昔人間は食べ物を生で食べていたのだから調理はすべきでないとか、かつては四つ足で歩いていたのだから二足歩行は人間の本来の姿ではないとか、議論することが可能だ。そう遠くない昔、暖かい土地では人間はほとんど菜食のみの食事をし、北極ではほぼ完全に肉食だった、とか。

われわれ人間というのは高い適応力を持つ種である。都市に住むこともできれば、ノマド的集団でも核家族でも暮らせる。一夫多妻制もあれば一婦多夫制もあるし、一夫一妻制での婚姻を連続して行うこともあれば、独身の誓いを立てることもある。別のジェンダーの相手とも、同じジェンダーの相手とも結婚するし、まったく結婚しない者もいる。血のつながった子どもを育てたり、養子を迎えたり、叔母や叔父として子どもをかわいがったりもするし、子どもが嫌いな者もいる。自宅で仕事する者も、職場に通う者もいるし、移動農場労働者もいれば、訪問看護師もいる。ジェンダーの分離を規範とする社会もあれば、みなが交流する社会もあり、二分法的で対立的なものとしてのジェンダーそのものが再考されている社会もある。

生物学的に所与の条件となっているものもあれば、過去に特によく見られたパターンもある。だが私たちがかつてと同じような存在だとは限らないし、かつての私たちだって、「理由もなにも、そういうもの」という物語通りではなかったのではないか。現在は、そうした「理由もなにも」の物語で語り直された過去とはまったく異なるものだし、過去だって、そんな物語とは似ても似つかないかもしれない。家に留まり、受動的で、男に頼りきってその帰りを待っている女の物語を語るのはもうやめるべきだ。彼女は座って待っていたりなんかしなかった。忙しかったから。いまだって、忙しいのだ。

（二〇一五）

訳注

▼1——デズモンド・モリス（一九二八—）は英国の動物学者。人間をいち生物種ととらえた研究で有名。

▼2——エリザベス・マーシャル・トーマス（一九三一—）は米国の作家。カラハリ砂漠のクン・ブッシュマンと呼ばれる人々についての著作で知られる。

▼3――ピーター・フロイヘン（一八八六―一九五七）はデンマーク出身の探検家、作家、ジャーナリスト。グリーンランドのイヌイット自治区、「トゥーレ」への遠征で知られる。

▼4――ハンナ・アーレント（一九〇六―一九七五）はドイツ出身、のちに米国に亡命した政治哲学者。

▼5――エレイン・モーガン（一九二〇―二〇一三）はウェールズ出身の作家、脚本家。アクア説など人類進化にかかわる著作で有名。サラ・ブラッファー・ハーディ（一九四六―）は米国の人類学者、霊長類学者。進化生物学においた矮小化されがちな女性の役割を再考した。マーシャル・サーリンズ（一九三〇―）は米国の文化人類学者。

鳩が飛び立ったあとの巣箱▼1

実は何ひとつ、語ることなどできないのではないか。ときどきそう思うことがある。言葉というのは雑駁なカテゴリーで、それぞれに異なっていて、異なっていることにこそ意味があるような事物をひとまとめにするものだ。「青」と一口に言っても千もの色彩があり、「馬」が指すのはサラブレッド種であり、ポニーであり、おもちゃでもある。「愛」はあらゆることを意味しているし、何も意味していない。言葉で何がしかを伝えようとすれば、次々に一般化され、不完全な絵が描き出される。言葉を使うことはカテゴリーの領域に分け入ってゆくことであり、それは必要なことなのだけど、危険でもある。

カテゴリーは漏れ出していく。どんなカテゴリーも漏れ出す、と書くつもりだったが、素数とか星とか、一個の例外もなく確かにそうだ、と言えるものも中にはある。ビーバーは哺乳類だし、歴代の合衆国大統領は全員男性だ。でもその他のカテゴリーのあまりに多くのものは複雑で、真実だけでなく、それに対する矛盾や例外も含んでいる。現在までの四十五人の大統領について考える場合はさて置き、「男性」というカテゴリーですら、いまでは疑問に付されている。

ユダヤ人はみなイスラエルを支持している、とある人が最近言っていた。異を唱えると、最近ニューヨークに行ったかい、と彼は聞いてきた。それが議論の決め手になると確信している様子だった。行きましたとも、それにニューヨークについての本［地図帳］を書き上げたばかりなんだけど、と私は答えた。[2] 私が書いた地図帳のひとつはユダヤ人についてのものだった。いやむしろ、シオニストや反シオニスト、ギャングや人道主義者から、ハーポ・マルクスやサンディー・コーファックス、ハンナ・アーレントやバーニー・メイドフや、エレナ・ケイガンまで、「ユダヤ人」というカテゴリーが含むすべての人々が、互いの特徴を打ち消し合うさまについてのものだったと言うべきか。[3] カテゴリー内の矛盾に気づかない読者がいると困るので、地図帳の副題は「エマ・ゴールドマンからゴールドマン・サックスまで」とした。[4] 私と話していた男性は、ユダヤ人は単一の精神を持つ均質な人々の集まりだと思っていたようだ。ハルヴァか単細胞生物が服着て歩いているみたいに。[5]

「差別（discrimination）」という言葉にはふたつの矛盾が含まれる。知覚レベルでは、それは明確に区別すること、細部に至るまで理解することを指す。社会政治的には、それは明確に区別し損なうこと、何らかのカテゴリーを超えた特殊で個別的な性質をとらえ損なうことを指す。レイシズムは違いを把握できないこと、あるいは少なくとも、雑なカテゴリーでとらえることに基づく差別だ。もちろんこの定義だって、対立するものを含むという性質を持ったひとつのカテゴリーには違いない。カテゴリーは反レイシズムにとっても、有用かつ必要なものだ。サブプライム・ローンの売り手は非白人をターゲットにしており、ローンを借りた人々は二〇〇八年の金融危機の後、純資産のおそろしく高い割合を失うこととなった。ある最近の研究は、学校ではしばしば黒人の児童が厳しく罰せられると結論づけている。だがこれらはある集団の状況を指しているのであって、本質ではない。

　集団とは隙のないカテゴリーで、それに属する人々は単一の考え方や信条、そこから転じて非難されるべき傾向を共有しているという視点は、差別と表裏一体だ。それは集合的に罰を与えることにつながる。ある女に裏切られた場合、別の女性も非難して構わないとか、居住地を持たない人物が犯罪に手を出した場合、ほかのすべてのホームレスも罰したり追放したりしても構わないしそうすべきだ、といった考えだ。かつて最高裁はこのような決定を下した。「祖先が誰であるかにのみ立脚して市民の扱いに区別を設けることは、平等の原則に基づき建てられた国家に住む自由な人間にとって、本質的に憎むべきことである。この理由から、人種のみに立脚する司法上の分類や差別は、平等な保護を否定するものとみなされてきた」。これは、第二次大戦中に自分を含む西海岸在住の日系アメリカ人たちを収容所に送る計画に抵抗しようとしたフレッド・コレマツが起こした訴訟でのことだった。立派な言い分にもかかわらず、最高裁は収容を是認した。この時代に比べると、差別行為はどんどん違法とみなされるようになってきてはいるが、人の心の働きを法的に制限できるわけではない。

反レイシストの物語もまた、雑な分類をすることがある。現在、修正第十九条はすべての女性に選挙権を与えなかった、と主張したがる人々がいる。[6] というのも（全員ではないにしろ）多くの南部の黒人女性――そして男性も――は、一九六〇年代にも選挙権がなかったからだ。ときにこれは、黒人女性は六〇年代まで選挙権がなかった、という形で言い換えられる。しかし北部のいくつかの地域では、修正第十九条以前に選挙権を持っていた女性もいたのだ。たとえば一九一三年のシカゴでは黒人女性も投票しており、ワイオミング州は一八六九年に女性に選挙権を与えていた（さらにさらに大きな例外としては、ニュージャージー州では一八〇七年まで、私有財産を有する女性――おそらくは白人女性ということになろうが――は、投票することを認められていた）。

正式には修正第十九条は、市民権を持つすべての成人女性に選挙権を与える、あるいは「性別を理由に」選挙権を否定してはならない、とするものだった。その権利が否定されていた地域もある、と言った方が正確だろうし、一九二四年のインディアン市民権法までは、部族のアイデンティティを保持する先住民には選挙権がなかったことも付記しておくべきだろう。これらの例外は、法律そのものを骨抜きにするほど大きいものと言えるだろうか。こうしたカテゴリー上の漏れは、認識されるべき重要なものだろうか。一九二〇年の時点で誰に選挙権があったかについて、私たちはどこまで厳密に解析すべきなのだろう。どの程度まで正確性を吟味すべきなのだろう。

　古生物学者や進化生物学者は、ときに併合派と細分類派に分けられる。両カテゴリーの違いは特定の証拠を、多様なバリエーションを持つ単一の種の存在を裏づけるものと取るか、異なる独立した複数の種が存在した証拠と取るかの違いだ。古生物学者には、使える証拠が不足している。後に別の証拠が出て矛盾が生じることもあれば、根拠が強化されることもある。どんなに注意深く研究を行っても解決できない問いもあれば、解釈に異議が出ることもある。だがそのふたつについて私たちが下す判断は、しばしば証拠を避けることによってなされている。ある者たちにとっては、カテゴリーは思想の封じ込めシステムのようなものになる。私たちが何者で何をしているのかといった問いは、否定的な形でパッケージ化される。ユダヤ人はみなイスラエルを支持している。イスラム教徒はみなジハード主義者である。レズビアンはみな男が嫌いだ。世界を小さなパッケージに包んでしまうと、思考は停止する。

　差別を雑に眺めることは、集合的な罰という考え方にも通じている。他者を単一の組織体――イスラム教徒、ユダヤ人、黒人、女性、ゲイ、ホームレス、怠惰な貧乏人――

として考えると、そこに属するどんな人間でも傷つけることができてしまう。それが二〇一五年のサウスキャロライナ州チャールストンの教会で、ディラン・ストーム・ルーフが九人の男女を銃撃したときに試みたことだ。その動機は黒人が「われわれの女たち」をレイプしていることだと説明されたが、白人男性、とりわけこの瞬間には彼自身が、男女問わず黒人を殺害した事件として状況を理解するつもりはなかったようだ。

　女性の一人ひとりの誰もが、女性のご意見番代表のように扱われる。私たちはみな感情的で、悪だくみをしていて、数学が苦手なのだろうか。男性はこんな風に決めつけられることから比較的自由なのに。白人であることについては大して一般化されないし、ルーフやチャールズ・マンソンは、その人種やジェンダーに対する面汚しだとは思われていないようだ。[7]カテゴリーを超越した、あるいはその外にある存在として扱われるのはある種の特権で、何かの実例ではなく、個人としての地位を持つことだ。自分が何者であるかみずから定義し、そうするのを許されることだ。共通のパターンを見るのを否定することは、間違いなく私たちの社会の言説の一部、もしくは言説の欠如の一部だといえる。数日ごとに銃乱射が起きる現在ですら、いずれのケースもショッキングな例外的出来事としてしかみなされないのだから。

　差別から自由であるとは、功績に基づいて評価され、個人として存在するのを許されるということだ。だがこれは、大事なデータが隙間からこぼれ落ちてしまうのを許す類の自由だ。たとえば、現代の銃乱射について最近までほとんど一度も言及されることがなかったのは、ほとんどすべてのケースが男性によってなされ、そのほとんどが白人だということだ。その代わり、そうした出来事はたいてい、謎に満ちているとかひどく衝撃的だと言われるか、まるで雪の結晶が顕微鏡で見ると一つひとつ微細に異なっているように、個々の事件に特有の精神疾患やその他の具体的事例が引き起こしたものとされてきた。

ただし犯人がイスラムに起源を持つ人間である場合は別だ。その場合、銃乱射は「テロリズム」と呼ばれ、政治運動にかかわる声明とみなされる。ただし今年六月にオーランドのクィアのナイトクラブで五十人以上を殺害した米国生まれのオマール・マティーンの事件では、犯人による暴力の理想化や人とつながる能力の欠如がこの国で起こる多くの銃乱射事件の犯人と共通していたためか、イスラムの思想は単なるインスピレーションか、みじめな人生に対する言い訳としかみなされなかった。

大量殺人の中でももっともよくあるタイプの者に対しては、私たちには語る言葉すらなく、ましてや対話することなど不可能な状況にある。「家族殺し」とでも言えばいいだろうか。怒れる男が特定の女性や自分自身に憤りをぶつけるだけでなく、子どもたちやほかの家族、ときには同僚や目撃者の命まで奪うケースがある。カテゴリーがないということは、よくある現象を記述するための言葉も、さらにはその要因やそれがどれほど頻発するかを理解するための言葉も存在しないということだ。カテゴリーが対象を閉じ込めるものだとすれば、これはいい加減閉じ込められてしかるべき事象だろう。

もし先住民やレズビアンによる銃乱射事件というものがあったとすれば、乱射した人物についての具体的な事柄が取りざたされ、神経質なジョークが繰り出され、そのカテゴリー全体を閉じ込めるか追放するかした方がいいという会話がなされることだろう。

「簡単に銃が手に入るということが、アメリカ人たちに公共の場でみずからの不満を行動に移すための力を与えたのは、合衆国の生と死を取り巻く、日々おそろしさを増しつつある事実だ」と、ある無差別殺人事件が起きた後、ニューヨーク・タイムズ紙の社説は書いた。まるで犯人が誰かについて、市民権があるかないか以上に詳しいことはわからなかったとでもいうかのように。アイデンティティの特定が、糾弾ではなく何らかの状況改善につながる診断としてなされるのを見てみたいものだ。もし女性が大量虐殺に対して逆らい難い欲望を感じることがほとんどなく、総じて暴力的な傾向がない（もちろんそこにはいくつかの壮大な例外が存在するわけだが）ということを認識すれば、おそらく極端な暴力の原因について、より正確に語ることができるのではないだろうか。少なくとも、おそろしい人間なのは誰か、ぐらいは言えるだろう。

対照的に、黒人が起こしたどんな犯罪であれ、黒人カテゴリー全体を非難するのに使おうとする人たちがいる。ブラック・ライブズ・マターの高まりに伴って現れたのは、ファーガソンやボルティモアで起きた混沌とした騒乱について、無関係の黒人に説明を求めたり、当事者や出来事に対する謝罪を要求したりする、恥ずかしい白人たちだった。[8] まるでたまたま自分たちが出会った黒人が、人種全体に対する責任を負っていると思っているかのようだった。よく考えもせずにカテゴリーを信じ込むことなしに、レイシストにはなれないのだ。

あえてカテゴリーに目を向けないことも、洞察の一形態だ。若い頃に初めて出会い、いまでも教えを乞うことがある道教の師が教えてくれた物語がある。秦の穆公《ぼくこう》は最上級の馬を見つけるため、賢者を遣わした。[9] 男はこげ茶の雌馬だという馬を連れ帰ったが、見るとそれは漆黒の牡馬で、約束通り最上級のものだった。馬の買い手の友人はこう語った。「内面の性質に気を取られるあまり、彼には外面が見えなくなったのです。……見るべきものだけを見て、見なくてもよいところは切り捨てる、そういう男なのですよ」。表面に目を向けないことによって、賢者はより深いものを見極めたのだ。ある年の聖パトリックの祝日、アルツハイマー型認知症で、目で見たものを脳で正しく処理できない状態にあったアイルランド系アメリカ人の母は、あなたもアイルランド系ですか、と黒人男性に尋ねた。男性は喜んでいた。というのも彼にはアイルランドの血も入っていたからだ。だが人々が暗い肌色の人に、ヨーロッパの先祖について聞こうとするようなことはめったにない。

人種が地位や経験、機会や警官に撃たれる確率に影響する社会に生きている私たちにとって、これは肌色の違いが存在しないふりをすることとは違う。要するに私が論じているのは、カテゴリーを使ったり使わなかったりする、あるいは素早く行動し、柔軟性や想像力を発揮する力が持つ可能性についてなのだ。もしくは単に、世界とそこにおける自分たちの経験を想像し、描写する力と呼んでもいいかもしれない。ある禅の師がかつて言ったように、きつすぎてもダメ、ゆるすぎてもダメなのだ。カテゴリーは発言、とりわけ一般的な傾向について論じる政治的、社会的発言にはなくてはならないものだ。それは言語にとって必要不可欠だ。言語は雨や、夢や、監獄といったカテゴリーで、発言することは、言葉のオーケストラを指揮して正確で、美しくすらある何かを作り出す方法を学ぶこと、とでも言えばいいだろうか。あるいは少なくとも、自分の世界をうまく記述し、公平に他者に語りかけることだ。

この力の効用のひとつは、例外を理解する術を学ぶことにある。医師の知人が、研修中に学んだ役に立つ警句を引用してくれた。「ひづめの跡を見たら馬を思い浮かべるだろう。でもときにそれはシマウマのこともある」。つまり、見慣れた症状はしばしば見慣れた病気から来ているが、ときにはまったく別の何かの証拠であることもあるのだ。カテゴリーは一連の思い込みで成り立っている。警句が思い出させるのは、ときに自分の思い込みが間違っている場合もある、ということだ。特殊なものが、常に一般的なものに当てはまるとは限らない。だからといって、ときにひづめの跡がシマウマのものでもあるという事実が、たいていの場合は馬のものだというパターンを覆すわけでもない。

私たちの時代のもっとも苛烈な議論の多くは、対立するそれぞれの立場が、ある所与のカテゴリーに属する者はすべて、自分たちから見た現象にしかあてはまらないと主張することで起こる。売春に関する最近の議論では、ある立場の中でももっとも教条主義的な人々は、売春する人々――どうやら、売春するすべての人々を指すらしい――は自由契約であって、その生活様式と労働の選択には敬意を払い、干渉すべきでない、と主張する。私はミドルクラスの白人のセックスワーカーを何人か知っている。この人たちは自分たちが何をし、誰を相手にするかということはすべて自分で決め、いまの職業を続けたくなくなったら辞めるという選択肢も持っている。

もちろん自立したセックスワーカーのそうした経験は存在する。同様に、人身売買も存在するし、児童や移民や社会的経済的に脆弱なその他のカテゴリーの人間が、無理やり売春させられるということも起きている。売春は完全に奴隷だったり自由だったりするカテゴリーではなく、その両方を含んでいるのだ。そして間違いなく、その間にはぼんやりした中間領域がある。内的矛盾に満ちたカテゴリーについて、一体どのように語り、ましてや制限を加えればいいのだろうか。おそらくほかの多くの事柄同様、これは言語の問題なのかもしれない。そして、セックスによって金銭を得る人々が属する別々のカテゴリーについて語るためには、別々の言語が必要なのだ。

二〇一四年、女性が性暴力について語ることを望んだとき、彼女たちはしばしば、すべての男がレイプ犯というわけではない、ということにばかり執着する男性たちに直面した。その男たちの一群は、#男がみんなそうってわけじゃないというハッシュタグまで作り出した。まるでこの地に降って湧いた災厄ではなく、自分と自分の心地よさと評判こそが、話題の中心でなくてはならないとでもいうかのように。それは言語と論理にかかわる問題だった。すべての男がレイプ犯だなんてことは、あまりにも事実とかけ離れている。一方で、誰もが理解していると思っていたのだが、ほとんどすべてのレイプ犯は男性だ。だから、男性はレイプする（そして男性や少年もレイプされうるが、女性や少女に比べるとその確率はずっと低い）と言えることは、問題を考えるうえで役立つのだ。

ケイト・ハーディングによる特筆すべきレイプ史、『自分が悪い』によれば、九八％のレイプ犯は男性である。そこには例外もある。アイヴィー・リーグの大学の男子学生が、私がレイプについて語るとき、ジェンダーについて語ることになぜこだわるのか教えてほしいと言った。そこにいた別の学生は、私の考えは「ひどく二項対立的だ」と言った。私がジェンダーを二項対立で語るのは、人々がしばしばその偏見に基づいて行動するからだ。さまざまな事柄の中でもとりわけレイプは、誰に権利があり、誰には権利がないかというカテゴリーを強化する儀式であり、あるジェンダーに対して向けられる敵意を行動に移したものだからだ。フラタニティのレイプ犯たちはジェンダーを超えて物事を眺めることには興味がないようだが、レイプ・カルチャーを解体するためには、そうすることが必要不可欠なのだ。つまりそれは、性器や性役割といった共有できないカテゴリーを超えて、人間という共通カテゴリーを見出すのを可能にすることだ。

　主要なふたつのジェンダーを正反対のもの、あるいは対立するものとして想像してしまうと、カテゴリーも、互いの定義する方法も、硬直化する。ジェンダーは誤った二項対立だという考えは有用だが、誰が何を誰に対して行い、どれほど長い間それを行ってきたかについて語るとき、ジェンダーはやはり不可避的に役立つものでもある。たとえばもし私たちが、今日に至るまですべての合衆国大統領が男性であったと言えなければ、いつかこの状況を改善すべきだという提言もできないだろう。「男と女」、「男性と女性」といった概念を通して、人々は長きに渡り社会的思考を形成してきた。「神は男と女を創った」と、旧約聖書は語った。キリスト教徒が最近結婚について語った内容を知らないようなら言っておくが、男と女とは何かについてのその強固な思想は、いまだに私たちとともにある。

　私たちは語らなくてはならないし、語るときには「黒人と白人」とか「男と女」といったカテゴリーを使わざるを得ない。だがこれらのカテゴリーの限界や、漏れ出しやすさ、「男と女」が「黒人と白人」を修飾することもあるし、その逆もあるということもまた、理解しておかなくてはならない。解剖学上の異常を持つ人にとっても、自分たちの解剖学的構造とそれに基づいて付与されるアイデンティティに対して変則的関係を持つ人にとっても、カテゴリー上の例外は重要だ。北米インターセックス協会によれば、「もし医療センターの専門家に、あまりに極端に非典型的な性器を持つ子どもが生まれ、性分化の専門医を招集しなければならないといったことはどれくらいの頻度で起こるのか、と尋ねたら、千五百分の一から二千分の一の確率といった数字が答えとして返って来るだろう。だがそれよりずっと多くの人々が、より細微な形での性解剖学上の差異を持って生まれており、そのいくつかは人生の後の段階まで顕示的にならない」。彼らの計算ではその割合は百分の一だという。つまり、この国の何百万もの人々は、生物学的に見ても既存のカテゴリーにきっちり当てはまらないのだ。

ウェブサイトの文章の書き手たちは、カテゴリーとしてではなく、カテゴリーは穴だらけのもので、私たちの中にはそれに当てはまらない人間もいるということを理解するための用語として、「インターセックス」の語を充てている。

「インターセックス」とは、生殖学的、性解剖学的に女性や男性の典型的な定義に当てはまらない身体構造を持って生まれた人間の多岐に渡る状況を指している。たとえば、表面的には女性のような外見で生まれても、身体内部はおおむね男性に典型的な構造を有している場合である。あるいは、通例男性的、または女性的とみなされるものの中間に当たる性器を持って生まれる人もいる。女の子が例外的に大きい陰核を持って生まれたり、女性器の開口部を欠いている場合もあれば、男の子が例外的に小さな陰茎を持って生まれたり、陰嚢が分かれていて大陰唇のように見える場合もある。あるいは、混合染色体の遺伝子を持って生まれる人もいる。細胞のいくつかはＸＸ染色体で、ほかのものはＸＹ染色体であるといった具合に。

　現代的な言い方だと、セックスは生物学的でジェンダーは社会的構築物、ということになっている。前者はあなたのパンツと遺伝子の中にあり、後者はあなたの頭の中にある。もし人々が、自分に与えられたジェンダーに合った活動や服装のすべてにあまりとらわれなくなれば、これも変わるのかもしれない。若者たちは、自分を何者だと考え、誰を欲望するのかについて、クィアやフェミニストたちが何十年も続けてきた試みを引き継ぎ、このシステムをさらに転覆させようとしている（最近の研究では、十八歳から二十四歳までの若者の四六％は自分を異性愛者とみなし、六％は完全にクィアであると考え、ほぼ半数はその中間のどこかに位置すると考えているそうだ）。ジェンダーによって定義されることを拒否する者も中にはいる。

私の故郷サンフランシスコは、（私たちが知る限り）初めて男性が出産した場所だ。子どもを産むのは女性の仕事だと私たちは考えがちだが、この街のトランス男性は、彼の子宮を保存していたために出産できたのだ。二〇〇八年にトーマス・ビーティのケースがより大きく報道される以前のことだ。[10] ビーティのケースで素晴らしかったのは、妻が不妊で自分はそうでなかったことから、男性でありながら妊娠し、三人の子どもを出産したことだ。カテゴリーは漏れ出していて、そのうちいくつかは変化していく傾向にある。「彼の子宮」と書く日がやって来るなんて、思ってもみなかった。常にというわけではないが、ときにカテゴリーから漏れ出たものは、祝福に値するのだ。

訳注

▼1——「鳩の巣箱」は、雑な分類を指す比喩表現。タイトルは全体として、本節で論じられている雑多なカテゴリーが機能しない状態を指している。

▼2——著書 *Non-stop Metropolis: A New York City Atlas*（『止まらないメトロポリス——ニューヨーク・シティ地図帳』未訳、二〇一六）を指す。米国の諸都市についてソルニットが書き綴っている地図帳シリーズのひとつ。

▼3——ここに上がっている人物はすべてニューヨーク出身。ハーポ・マルクス（一八八八—一九六

四）はコメディアン、「マルクス兄弟」の次男。劇中で決して口を利かないことで知られる。サンディー・コーファックス（一九三五―）は元プロ野球選手。ドジャース所属。バーニー・メイドフ（一九三八―）は米国の実業家で元NASDAQ会長。二〇〇八年に未曽有の金融詐欺事件で逮捕される。エレナ・ケイガン（一九六〇―）は裁判官。女性として史上四人目の最高裁判事。

▼4――エマ・ゴールドマン（一八六九―一九四〇）はリトアニア出身のユダヤ系移民で、アナーキスト、フェミニストとして活動。ゴールドマン・サックスはユダヤ系企業家マーカス・ゴールドマン（一八二一―一九〇四）によって設立された米国の金融系企業グループ。

▼5――ハルヴァはアジア圏からヨーロッパまで、アラブ、ユダヤ系の地域を中心に広く食べられている菓子の総称。

▼6――修正第十九条（一九二〇）は、合衆国および各州が性別を理由に投票権を与えないことを禁止する法令。これにより女性参政権が成立したとみなされる。

▼7――チャールズ・マンソン（一九三四―二〇一七）は米国のカルト指導者。教団の信者と共謀し、映画監督ロマン・ポランスキーの妻だった女優シャロン・テートほか複数の人物を殺害し、終身刑となった。

▼8――ミズーリ州ファーガソンでは二〇一四年、十八歳の黒人男性マイケル・ブラウンの警官による射殺に抗議する民衆の動乱があった。ボルティモアでは二〇一五年、二十五歳の黒人男性フレディ・グレイが逮捕後に暴行を受け、昏睡状態に陥って死亡した事件に続き、抗議運動が激化した。

▼9――穆公（前六五九―六二一）は中国春秋時代の秦の第九代公。

▼10――トーマス・ビーティ（一九七四―）は、トランスジェンダーの生殖能力、生殖に関する権利にフォーカスする米国の活動家、作家。

女が読むべきでない八十冊

二、三年前のこと、『エスクァイア』誌が、ゾンビのように死者のあわいから蘇り続けるリストを作成し、インターネットを崇《たた》った。「すべての男が読むべきベスト八十冊」は、その雑誌が男性向けであること、多くの若者がいまジェンダーの二項対立を否定しているにしても、彼らが相手にしているのは、鉄のカーテンのように人間という存在にジェンダーの壁を築き上げる、はるかに権威を持った人々なのだということを、思い起こさせる。

もちろん『コスモポリタン』のような女性誌だって、女になるためにはどうしたらいいかについて、これと同じくらい厄介な教えを何十年もの間提供してきた。ふたつの主要なジェンダーであることについての教えが、こんなに長く月刊誌で供給されてきたこと自体、ジェンダーというものの脆弱性を物語っているのかもしれない。男は女が読むのとは別の本を読むべきなのか。このリストによれば、男は女が書いた本すら読むべきでないらしい。フラナリー・オコナーの例外を除き、そこに上がっている七十九冊は男性作家の作品ばかりだ[1]。

記事の書き手はオコナーの短編集『善人はなかなかいない』に、次の引用とともに注釈をつけている。「彼女は善い人間だったさ……。一分ごとに撃ち殺してくれる人間がいればの話だがな[2]」。女を撃ち殺す。この一文は、ジョン・スタインベックの『怒りの葡萄』に添えられたコメントともぴったり合っている。「要は乳房についての物語だ[3]」。言い換えれば、本そのものが教えになるのだ。男になるために本を読むのだから、男だけのリストがいるのだ。ところで男とは何者か？　ジャック・ロンドンの『野生の呼び声』についてのコメントが教えてくれるだろう[4]。「犬についての書物は、男についての書物でもある」。じゃあ雌犬は狂った男なんだろう、たぶん。

戦争ものも数多くあり、ゲイ男性によって書かれたものは一冊しかない、この男らしさに満ち満ちた作品群のリストを見ていると、女になるのは大変だが男になるのはもっと大変らしいとつくづく感じさせられる。このジェンダーときたら常に男らしさの身ぶりを通して擁護され、実演され続けないといけないのだから。リストを見ていて不意に思った。**道理でこんなに大量殺人があるわけだ**。このリストを見ていると、男であることを極限まで突き詰めた場合、大量殺人こそがそれをもっとも顕著に示す表現なのだとわかる。幸い多くの男性は、この世界に生きるうえで、より優雅で共感に満ちた方法を採っているけれども。

それで思ったのだが、同じ本もいくつか取り上げた「女が読むべきでない八十冊」というリストもないといけないのではないか。誰だって何でも好きな本を読めばいいというのは、もちろん大前提ではあるが。リストにあるいくつかの本はひたすら、なぜ女が穢れていたり、お飾りとして以外はほとんど存在しなかったり、本質的に邪悪で中身のない存在なのかを吹き込むだけのように思える。あるいはそれらが教え込むのは、男らしさとは不親切で、周りで起きていることに構いもしないことだとかいう、家庭や戦場で、もしくは経済的手段によって、暴力へと拡大していくような一連の価値観なのだ。私が男嫌いでない証拠に、リストの最初はアイン・ランドの『肩をすくめるアトラス』から始めよう。ポール・ライアン下院議員があんなに好きな本なら、彼が必死で生み出そうとしている悲惨な状況に対して、何らかの責任があるはずだから。[5]

女を非人間とみなす教えについていえば、初めて『路上』（『エスクァイア』のリストには載っていない。同じ作家の『ザ・ダルマ・バムズ』はあるが）を読んだとき、この本は主人公に同一化して読まないといけないらしいと気づいた。この男は自分が繊細で深遠だと信じていて、関係を持っていた若いラティーナの農場労働者を厄介な目に巻き込んだ上に捨て去るときですら、その信念は変わらないようだった。[6] その前提になっているのは、路上にもおらず、簡単に捨てられる金づる以上の扱いは受けないこの女には感情移入しないで読むべきだ、ということだった。

私は彼女に感情移入して読んだし、ロリータにもそうした（そしてハンバート・ハンバートの共感の欠如を語る傑作『ロリータ』も、すました紹介文とともに『エスクァイア』のリストに掲載されている）。[7] 私はやがてケルアックを許したし、ジム・ハリスンと彼のページに刻まれた、対象をモノ扱いするような猥褻性も許した。[8] 欠点を埋め合わせるほどの長所があったからだ。ハリスンの猥褻には、チャールズ・ブコウスキーやヘンリー・ミラーとは違う、健全な中西部らしさがあったのだ。[9]

もちろんこの三人は全員『エスクァイア』のリストに載っている。「n＋1」マガジンの編集者、デイナ・トートリーシが言うように、「初めてブコウスキーの『ポスト・オフィス』を読んだときのことを決して忘れないだろう。語り手による醜い女の脚の太さの描写が本当にひどかった。自分が同一化して読もうと思っていた本に拒絶されたように感じたのは、それまでにないことだった。本の世界に引き込まれはしたが、もちろん自分の身体に嫌悪感を抱くとか、そういうこともあった」。[10] 数年前、作家エミリー・ゴールドはベロー、ロス、アップダイク、メイラーを「二十世紀半ばのミソジニストたち」と呼んだが、これは『エスクァイア』のリストや私のものに載っている四人の男たちを形容するのにもぴったりな語だと思う。[11]

アーネスト・ヘミングウェイも私の「ノー・リード」リストに名を連ねる作家だ。ガートルード・スタインから多くを学んだのであれば、ホモフォビア的で反ユダヤ主義的なミソジニストであるべきではないし、大きな動物を撃つことと男性性は結びつけられるべきではないからだ。[12] 銃・ペニス・死のおなじみの三点セットは、醜くて悲しい。ぶっきらぼうで抑制された散文のスタイルは、彼の手にかかると、カッコつけていて、わざとらしくて、感傷的だ。男の感傷は、感傷のなかでも最悪の部類に入る。たとえば裏表なしに感情的なディケンズだったら絶対にしないやり方で、自分に酔っているからだ。[13]

それにヘミングウェイが、F・スコット・フィッツジェラルドのペニスのサイズがどうのこうのと言ったのは本当にしょうもなく、当時フィッツジェラルドの方が作家としてはるかに成功していたことへの当てつけだったのが見え見えだ。[14] いまでもヘミングウェイのレゴ・ブロックみたいにごつごつした散文より、フィッツジェラルドのシルクのようにしなやかな文章のほうがずっといいし、自在に自己を変化させて、男性登場人物だけでなくデイジー・ブキャナンやニコール・ダイヴァーも共感を持って描けるほうがはるかに素晴らしい（『夜はやさし』にはいろんな主題があるが、近親姦と児童虐待の結果どれほどのことが起きるか、についての考察としても読むことができる[15]）。

ノーマン・メイラーとウィリアム・バロウズは、私の「ノー・リスト」でも上位に食い込むはずだ。妻を刺したり銃殺したりしていない作家はほかにたくさんいるので、あえて読まなくてもいいと思う（それに、誰もが読むべき作家リュック・サンテが、三十年前にバロウズのおそろしいジェンダー・ポリティクスについてずば抜けた文章を書いていて、私はそれに大きな影響を受けている）[16]。長さこそ正義と信じて書かれたような、男性作家による長編小説群もある。九〇〇ページもあって、女性作家が同じ長さのものを書いたら、長すぎるから削ったらと言われる類のものだ。女性に対する暴力的犯罪を扱った猥褻な本もある。特にブラック・ダリア殺人事件をめぐるものは、女性に対する暴力が男性たちによってエロティックなものにされ、それによって女性が嫌悪感を内面化してしまう、ということを思い出させてくれる[17]。最近『ロンドン・レビュー・オブ・ブックス』誌でジャクリーン・ローズが書いていたように、「家父長制は、女性にみずからを軽蔑するよう仕向けることで繁栄する」のだ[18]。それから、ジョナサン・フランゼンという作家がいるのは知っている。作品を読んだことはないが、インタビューで何度もジェニファー・ワイナーを攻撃しているので[19]。

『エスクァイア』のリストには良書、素晴らしい本も載っている。ただ私も大好きな『白鯨』ですら、女の出てこない本はしばしば人間についての本で、女が中心になっている本は女性の本、と言われることを思い出させる[20]。それにこのリストだと、ジェイムズ・M・ケインやフィリップ・ロスから女性について学ばないといけなくなるわけだが、ふたりとも正直その点で専門家だとは言い難い[21]。ドリス・レッシングやルイーズ・アードリックやエレナ・フェッランテの素晴らしい作品があるではないか[22]。私の本棚のヒーロー作家はこんな人たちだ。フィリップ・レヴィン、ライナー・マリア・リルケ、ヴァージニア・ウルフ、鈴木俊隆、アドリエンヌ・リッチ、パブロ・ネルーダ、マルコス副司令官、エドゥアルド・ガレアーノ、ジェイムズ・ボールドウィン[23]。この作家たちの本に教えというものがあるとすれば、それは想像力において、自己のアイデンティティを世界へ、人間と人間ならざる者へ拡大することだ。それは自己をジェンダーのうちに閉じ込めるのではなく、他なるものに向けて引き上げるという、偉大な共感の身ぶりなのだ。

後日譚――この記事は当初、文学系サイト、リットハブに掲載され、オンラインで多くの注目を集めた。『エスクァイア』は以下のように反応した。「何が言えるだろう。私たちはやらかしてしまったのだ。「男が読むべき八十冊」は数年前に掲載されたものだが、作家と作品の多様性の欠如のために正当な批判を受けた。そこで私たちは、ミチコ・カクタニ、アナ・ホームズ、ロクサーヌ・ゲイを含む八人の強力な女性文学者たちを招き、新たなリストを作成するために協力してもらうことにした[24]」。

（二〇一五）

訳注

▼1―フラナリー・オコナー（一九二五―一九六四）は、米国南部出身の女性作家。カトリックへの信仰に根差した作品で知られたが、当時不治の病だった全身性エリスマトーデスで夭逝した。

▼2―引用はオコナーの「善人はなかなかいない」（一九五三）の結末から。

▼3―米国の作家ジョン・スタインベック（一九〇二―一九六八）の長編『怒りの葡萄』（原著一九三九）は、主人公一家の長女ローズ・オブ・シャロンが飢えた男に母乳を与える場面がクライマックスとなっている。

▼4―ジャック・ロンドン（一八七六―一九一六）は米国の自然主義作家。野生を取り戻す飼い犬を描いた『野生の呼び声』（原著一九〇三）は代表作のひとつ。

▼5―アイン・ランド（一九〇五―一九八二）はロシア系米国人の女性作家。代表作『肩をすくめるアトラス』（原著一九五七）はじめ、独自の保守思想体系を反映した作風で知られ、リバタリアンや保守主義者に多大な影響を与えた。ポール・ライアン（一九七〇―）は保守派の支持が厚い共和党の政治家。二〇一五年当時は下院議長を務めていた。

▼6―ジャック・ケルアック（一九二二―一九六六）は米国のビート世代を代表する作家。『路上』（原著一九五七）はその代表作。

▼7―『ロリータ』（原著一九五五）はロシア生まれの米国の作家、ウラジミール・ナボコフ（一八九九―一九七七）の作品。小児性愛者の大学教授と十二歳の少女の関係を描く。この作品については次節でより詳しく論じられている。

▼8―ジム・ハリスン（一九三七―二〇一六）は米国の詩人、作家。エッセイスト。後に映画化もされた*Legends of the Fall*（『レジェンド・オブ・フォール』未訳、一九七九）など、数多くの作品を発表。

▼9―チャールズ・ブコウスキー（一九二〇―一九九四）、ヘンリー・ミラー（一八九一―一九八〇）はい

ずれも米国の作家で、無頼派的で過激な性描写も含む作風で知られる。

▼10―『ポスト・オフィス』（原著一九七一）はブコウスキーの自伝的長編第一作。

▼11―エミリー・ゴールド（一九八一―）は作家、ブロガー。ブログサイト、ゴーカーの元編集者。ゴールドが挙げているのはそれぞれ米国の男性作家、ソール・ベロー（一九一五―二〇〇五）、フィリップ・ロス（一九三三―二〇一八）、ジョン・アップダイク（一九三二―二〇〇九）、ノーマン・メイラー。メイラーは本書「沈黙に関する簡潔な記録」に登場。

▼12―アーネスト・ヘミングウェイ（一八九九―一九六一）は米国の作家。米国の詩人でレズビアンでもあったガートルード・スタイン（一八七四―一九四六）と親交があり、ヘミングウェイの世代の作家にしばしば与えられる「ロスト・ジェネレーション」の呼び名を最初に使ったのはスタインだとされる。「大きな動物を撃つこと」への言及は、ヘミングウェイが好んで取り上げた主題のひとつが狩りであったため。

▼13―チャールズ・ディケンズ（一八一二―一八七〇）は英国の作家。『ディヴィッド・コパフィールド』（原著一八五〇）など、数多く名作を残す。

▼14―F・スコット・フィッツジェラルド（一八九六―一九四〇）は米国の作家。ヘミングウェイと同世代で親交もあった。ヘミングウェイがフィッツジェラルドとの出会いおよびペニスの話題に触れているのは、『移動祝祭日』（一九六四）。

▼15―デイジー・ブキャナンはフィッツジェラルドの『グレート・ギャツビー』（原著一九二五）で、主人公のギャツビーが思いを寄せる女性。ニコール・ダイヴァーは『夜はやさし』（原著一九三四）に登場する主人公の妻で、父親による性的虐待がもとで精神に異常をきたしている。フィッツジェラルドの妻ゼルダをモデルにしているとされる。

▼16―ノーマン・メイラーは一九六〇年、パーティーの席上で当時の妻アデル・モラレスを刺す事件を起こしている。ウィリアム・バロウズ（一九一四―一九九七）はビート世代の米国の作

家。暴力、ドラッグ、同性愛などを主題に独自のカットアップ形式の作品を発表。一九五一年に当時の妻ジョーンを銃殺。リュック・サンテ（一九五四—）は米国の作家、批評家。バロウズ論「見えない男」（一九八四）をニューヨーク・レビューで発表。

▼17——ブラック・ダリア殺人事件は一九四七年、カリフォルニア州ロサンジェルス近郊でエリザベス・ショートという女性が殺害された事件。遺体が腰部から切断されていたことがセンセーショナルに報じられ、ショートは「ブラック・ダリア」と呼ばれ有名になった。米国でもっとも有名な未解決事件のひとつで、さまざまな作家がこれを題材に本を書いている。

▼18——ジャクリーン・ローズ（一九四九—）は英国の研究者。バークベック人文学研究所教授。精神分析やフェミニズムを専門とする。

▼19——ジョナサン・フランゼン（一九五七—）は米国の作家、批評家。ジェニファー・ワイナー（一九七〇—）は米国の作家。映画化された『イン・ハー・シューズ』（原著二〇〇二）が有名。ふたりはネット上で長らく論争状態にあったことで知られる。

▼20——『白鯨』（原著一八五一）はハーマン・メルヴィル（一八一九—一八九一）の長編小説。捕鯨船ピークォド号を舞台とし、男性乗組員たちが主な登場人物。

▼21——ジェイムズ・M・ケイン（一八九二—一九七七）は米国の作家。『郵便配達は二度ベルを鳴らす』（原著一九三四）など、犯罪小説で有名。フィリップ・ロスはユダヤ系で、父と子の関係にフォーカスした作品が多い。

▼22——ドリス・レッシング（一九一九—二〇一三）は二〇〇七年にノーベル文学賞を受賞した英国の作家。ルイーズ・アードリック（一九五四—）は米国の作家。先住民族オジブワ族の血を引き、部族の共同体の物語を多層的に語る作品で知られる。フェッランテは本書「沈黙に関する簡潔な記録」に登場。

▼23——フィリップ・レヴィン（一九二八—二〇一五）は米国の詩人。デトロイトの労働者階級を取り

上げた詩で有名。ライナー・マリア・リルケ、ヴァージニア・ウルフ、アドリエンヌ・リッチは「沈黙に関する簡潔な記録」に登場。鈴木俊隆（一九〇五―一九七一）は曹洞宗の僧侶。米国に禅宗を広め、鈴木大拙とともに海外では有名。パブロ・ネルーダ（一九〇四―一九七三）はノーベル文学賞も受賞したチリの詩人。マルコス副司令官（生年不詳）は、メキシコの反体制運動サパティスタ民族解放軍のリーダー。エドゥアルド・ガレアーノ（一九四〇―二〇一五）はウルグアイのジャーナリスト。著書に『収奪された土地ラテンアメリカ五百年』（一九七一）など。ジェイムズ・ボールドウィン（一九二四―一九八七）は米国の作家。黒人、同性愛者としてのアイデンティティに根差した作品を発表。

▼24――ミチコ・カクタニ（一九五五―）は『ニューヨーク・タイムズ』などを中心に活躍する文芸評論家。アナ・ホームズ（生年不詳）は米国の作家、編集者。女性向けメディア、ジェゼベルの設立者。ロクサーヌ・ゲイ（一九七四―）は米国の作家。『バッド・フェミニスト』（原著二〇一四）などのエッセイでも知られる。『エスクァイア』誌は後日譚で語られているように、これらの人物の協力のもとに新たなリスト、「誰もが読むべき八十冊」を発表した（https://www.esquire.com/lifestyle/news/g2544/80-books-every-person-should-read/）。

『ロリータ』について説教したがる男たち

意見を持つ女性ならば、訂正して欲しがっているに違いない、というのは普遍的な真理である。いやまあ実際は違うのだが、ジェイン・オースティンとその有名な冒頭の一節について、気の利いたことを言うのが好きじゃない人なんているだろうか？[1] 正解から言ってしまえば、多くの人は、別にそんなことは好きじゃない。私たちはみな異なっていて、『高慢と偏見』を十回以上読んだこともない人なんて、いくらでもいるのだから。だが肝心なのは、私が実践してきたある興味深い実験のことだ。自分の意見を披露すると、聞き手の何人か――たいていの場合は男性なのだが――は、私の意見は間違っていて、自分たちの意見は正しいという前提で反応してくるのだ。自分たちの意見は事実に基づいていて、私のは思い込みに過ぎないと、この人たちは確信しきっている。ときには事実に対してだけでなく、私に対しても監督責任があるとすら思っているようだ。

自分の意見を事実だと勘違いする人は、自分のことを神か何かと勘違いすることもあるようだというのは、あまり認められることのない普遍的な真理である。これが起こるのは、世のなかには自分と違う経験をしてきた人々がいて、そうした人々も自分と対等であり、不可侵の権利を有しており、かくも興味深く厄介でもある意識なるものは、そうした人々の頭の中にも存在する、という事実にその人があまり触れたことがない場合だ。この問題にとりわけ苦しめられているのはヘテロの白人男性だ。というのも、西洋世界は長いこと彼らのために鏡を捧げ持ち続けてきたのだし、ヴァージニア・ウルフが言ったように、従順な女性たちを、自分たちの姿を二倍増しの大きさに見せてくれる鏡に変えてきたのだから。[2]私たちその他大勢は、イシュメルやデイヴィッド・コパフィールド、ダーティハリーやホールデン・コールフィールドに感情移入するときには、自分たちのアイデンティティのジェンダーや人種を変化させることに慣れていく。[3]でもヘテロの男性たちは、そういうことはあまりしなくて済む。しばらく前に特権性健忘症という用語を思いついた。優遇されているか代表的な立場にある人間には、しばしば気づかなくてもいいことがあるし、実際気づきもしない、その様子を指す言葉だ。それはそれで、喪失の一形態でもある。

フェミニズムの多くの部分は、女性がそれまで認められてこなかった経験について語ることで成り立っており、反フェミニズムの多くの部分は、男性が女性に、そんなことは起こりっこないと語ることで成り立っている。「お前はレイプなんかされてない」と、あなたをレイプした人間が言うかもしれないし、それでも反論すれば、殺すと脅迫されるかもしれない。自分だけが発言力を持つのに一番簡単なのは、他人の命を奪うことだから。非白人もほぼ同様に、レイシズムは存在しないとか、接し方に違いは何もないとか、人種は誰にも影響しないとかいった、バカげたことを言われる。というのも、非白人を沈黙させようとする企みにおいて、白人以上に秀でている者などいないのだから。クィアの人々も同じ目に遭っているし、私たちはみなこうしたことについてすべて知っている。ちゃんと注意を払っていれば当然のことだ。

注意を払うということは、共感し、発言に耳を傾け、目を開き、自分以外の人間の経験に対する想像力を持ち、自分自身の経験の領域から一歩外に出て考えるための基本的な身ぶりだといえる。本を読むことが共感する力を育てるというのは、最近好んで論じられていることだが、もし本当にそうだとすれば、それは本が、自分以外の人間になるのを想像することに役立つからだ。もしくは自分自身の深部に分け入って、失恋するとか、病気をするとか、六歳や九十六歳であるとか、完全に自分を見失うというのはどういうことか、気づくのを可能にしてくれるからだ。自分が優れていることを再確認するためだけに他人が存在するような世界に生きる、素晴らしく、常に正当化され、いつ何時でも正しい自己というのとは違う。そうした類の本や漫画や映画は溢れていて、男性の想像力を満たすことに与しているのだが。そこから言えるのは、文学や芸術にしても、それを使って「素晴らしい自分」という退屈で古びた砦に閉じこもるだけなら、共感を得るうえで役には立たないときもある、ということだ。

『エスクァイア』誌の「男が読むべき八十冊」（そのうち七十九冊は男性が書いたものだった）に並んだきわめて男性的な文学キャノンにツッコミを入れるのが楽しかった理由は、そこにある。まるでそのリストが、経験の幅の狭さを称揚しているように思えたのだ。それに対して私が論じていたのは、誰もが女性作家の書いた本を読むべきだということではなかった。もちろん男女の割合を変えることに意味はあるのだが、そもそも読むことの意味は、自分のジェンダー（そして人種、階級、志向、国籍、歴史的状況、年齢、健常性）を探求し、ときにはそれを超越して、他者になる経験ができる、ということにある。これを言うとやたら動揺する男性がいる。あの興味深いジェンダーに属する人々の多くは、いとも簡単に動揺するし、そのことが自分ではわからないらしい。彼らはただ、あなたが間違っているとか邪悪だとか思うだけなのだ。

今年は大学生――女性や黒人やトランスの学生たちのことだ――について、いろんなことが言われた。あの学生たちは過敏すぎるとか、他人の発言を検閲することを要求しているとか。そこで、進歩的から退行的に変化してまた元に戻る、重たい振り子のような奇妙な雑誌、『アトランティック』が最近「アメリカの精神を甘やかすこと」という記事を掲載した。それによれば、「ジェリー・サインフェルドとビル・マーは、大学生は過敏すぎる、彼らの多くはジョークがわからない、とおおっぴらに非難した▼4」。この二人の年取った白人男性は、この件に関するれっきとした権威として引き合いに出されていたのだった。

だけど、本当にジョークがわからないのは誰だと思う？　白人男性だ。自分や自分の宇宙がネタにされたときは。その怒りを目の当たりにしたり、脅されたりした人にはわかるだろうが、彼らは本当に、何でも自分の思い通りでなくてはならず、一日中素晴らしいですねと褒めたたえられ続けないと気が済まないのだ。念のためにはっきり書いておくが、彼らが全員、ジョークがわからないとは言っていない。多くの白人男性――そこには私の友人も（それと私と肌色のトーンが同じ家族も）含まれる――は、ユーモアのセンスもあるし、物事のあるべき姿と現状の間にある落差を感知したり、自分の立場を超えて物事を見る能力を備えている。女性がそうであるのと同様に、深い共感と洞察力を持ち、立派な文章を書く人もいる。人権の擁護者だっている。

でもまあ、そうでないお歴々もいて、この人たちはどこからともなく現れて甘やかしてくれと要求してくるのだ。黒人大学生のグループが、何か不満があり、きちんと秩序立った形で改善を要求する。すると彼らは、核兵器を求めているか、銃を突き付けて財布でも奪おうとしているかのように、甘ったれていると糾弾されるのだ。白人男性のゲーマーのグループが、ゲーム界のミソジニーについて女性文化批評家が言っていることが気に食わないとする。彼らは一年かそこらかけて、止むことなく怒涛の中傷を繰り広げる。レイプ予告、殺害予告、爆破予告、個人情報の晒し、しまいには、一九八九年に十四人の女性を殺害したモントリオールのミソジニスト、マルク・レピーヌを模範として引用した大量殺人予告にまで至るのだ。[5] 私が語っているのはもちろん、アニタ・サキーシアンとゲーマーゲイトの一件だ。この男性たちを甘やかされている、と言うことは可能だし、そうすべきだ。いったい彼らは、自分たちがすることや好きなこと、作り出したものなら何でも褒めたたえてもらえるような世界が与えられているとでも思っていたのだろうか。そうかもしれない。ずっとそんな風にやってきたのだから。

この前、本についてのフェミニスト的意見を表明したら、スズメバチの巣を蹴とばしたみたいになってしまった。せんじ詰めればそれは、『ロリータ』についてだった。小説は共感を教えてくれるから素晴らしいという、よくある議論が下敷きにしているのは、私たちは登場人物に同一化するし、ギルガメシュでもエリザベス・ベネットですらも、誰に同一化しようが間違っていると言われる筋合いはない、ということだ。[6] ロリータに同一化するということは、この本が何年もの間子どもを連続してレイプした白人男性についての物語だ、というのをはっきりさせることだ。『ロリータ』を精読しつつ、これがプロットであり登場人物はそういう人間だと認識せずに済ます、なんてことが可能だろうか。物語を読者の経験に関連づけて捉えるべきではないのだろうか。

私が言ったのはそれだけだ。『路上』でなおざりな書き方をされていた人物に同一化したのと同じように、私はロリータに同一化した。かつて私はナボコフの小説をたくさん読んでいたが、連れ去られた子どもが何度もレイプされることが話の中心である小説は、特に自分がその子に近い年恰好だった頃には、世界は、あるいはその世界に住む男たちは、こんなにも敵意に満ちているのか、あるいは敵意で満ちたものになり得るのか、ということを思い出させた。そしてそれは、喜ばしい読書体験ではなかった。

トーマス・ハーディの『ダーバヴィル家のテス』からブレット・イーストン・エリスの『レス・ザン・ゼロ』まで、女児をレイプする男の偏在性が文学的主題である作品が、ジェイシー・デュガード（一九九一年に十一歳で誘拐されてから、十八歳になるまでベイ・エリアの男性の性奴隷にされていた）やエリザベス・スマート（二〇〇二年に誘拐され、九か月にわたってデュガードと同様の目に遭った）らの事件のような実話とともに、総体として女性たちに思い出させるのは、私たちは人生の大半を静かに、レイプされないよう気をつけて過ごし、そのことが人生を大きく損ない、自己の捉え方にも影響を与えるということだ。ときに芸術は、人生について考えさせるものになる。[7]

ハーディの小説は実のところ、自立性を欠いた貧しい若い女性に何が起きるか、ということについての悲劇だ。裕福な男にセックスを強要され、ノーと言う権利を持たなかったことに始まり、壮大な形で彼女の人生は破壊されていく。偉大なフェミニスト小説として読まれ得る作品だ。大昔の男性作家にも、人道的で、男性だけでなく女性にも共感を寄せた人々はいた。ワーズワース、ハーディ、トルストイ、トロロープ、ディケンズなどが思い浮かぶ（このうちの誰ひとりとして欠点のない人間ではなかったことについては、別の機会に論じよう。まあそんな機会はやって来ないと思うが[8]）。

擁護しているつもりで、実のところ芸術に対する攻撃になっているものはよくある。たとえば、芸術は私たちの人生に何の影響も与えない、というものだ。芸術は危険なものではないので、何であれ非難するに値しない、という議論がある。そして、芸術に対するどんな批判にも基盤はなく、批判はすべて検閲行為だ、という議論。いまは故人となった偉大な批評家アーサー・Ｃ・ダント以上に優雅な仕方で、こうした見方に反論した者はいない[9]。一九八八年の彼のエッセイは、私自身の考えを形成するうえで重要な主題に触れていた。それは右派の州知事たちが、芸術の検閲を試み、国立芸術基金（ＮＥＡ）を完全に廃止しようとしていた時代のことだ。芸術を攻撃する議論には、男たちがサドマゾ的な行為に興じるさまを優美なフォルマリスムのスタイルで撮影したロバート・メイプルソープの写真作品などをＮＥＡが支持していた、というのも含まれていた。その根拠は、こうした芸術は危険で、個人の精神や生活、われわれの文化全体に影響しうる、というものだった。芸術の擁護者たちは不運なことに、芸術は究極的には人生に影響を与えたりはしないから、危険なものではない、という立場を取らざるを得なくなった。

写真やエッセイや小説やその他の芸術は、人生を変えうる。それらは危険なものだ。芸術は世界を形作る。私の知る多くの人々は、ある本に出会ったことによって人生で何をするか決めたとか、命を救われたと語っている。もし特定の一冊に救われた経験が私にないとすれば、それは百もの本、千もの本に救われてきたからだ。本を読むのにはもっと複雑な理由も、さして緊急ではない理由もある。楽しいから、というのもそうだ。そして、楽しいことには意味がある。芸術と人生の間を分け隔てるシステムがあると主張する人々の世界観を、ダントは次のように描写する。「だが芸術の概念は、人生と文学の間に堅い皮膜を挿入し、芸術家が、彼がやっているのが芸術だと認識されている限りにおいては、道徳的な害悪をもたらさないことを保証する」。ここで彼が言おうとしているのは、芸術には道徳的な害悪をもたらすことができるし、実際にそうすることもあり、それはほかの書物がよい影響を与えるのと同じだということだ。芸術は世界を変えることができると全体主義体制の役人たちは知っていて、だからこそその可能性があるものを弾圧した、ということにダントは言及していた。

ナボコフと登場人物の関係については、いろんな見方ができるだろう。作家の妻ヴェラ・ナボコフはこう書いた。「でも私は、やさしさを込めて子どもが描かれていること、怪物的なＨＨに彼女が痛ましいまでに依存していたこと、彼女が始終、胸を締め付けられるような勇気を持っていたことに、誰かが気づいてくれないだろうかと願っている……」。そして、幅広く読まれた『テヘランでロリータを読む』の作者、アーザル・ナフィースィーは、抑圧的なイランでナボコフの小説を読んだ女性たちも、ロリータに同一化したのだと書いている。[10]「ロリータは守ってくれる存在もなく、自分自身の物語を紡ぐ機会すら与えられない犠牲者のカテゴリーに属している。それゆえ彼女は二重の犠牲者となる——人生だけでなく、人生についての物語までもが奪われてしまうのだ。この二番目の罪に対する犠牲者にならないために、この教室にいるのだ、と私たちは自分たちに言い聞かせた」。

　私は「八十冊」についてのエッセイを書き、それはもう悪意に満ちた反応を得たのだが、そこで言おうとしていたのは、キャノニカルな文学の総体というのがあって、そこでは女性は自分の物語を奪われ、どこを探しても男の物語しか見つからない、ということだった。そして、女性の視点から世界を記述しないことはおろか、女性を中傷し貶めるのはクールなのだという価値観を押しつけてくるような本もときにはある、ということも。

　先ごろマンガ『ディルバート』の作者スコット・アダムスが語ったことには、私たちは「セックスできるかどうかが厳格に女たちによって管理される」母系社会に生きているらしい。[11]つまりそれは、相手があなたとセックスしたいと思わない限りはセックスできないという意味で、ジェンダーを特定する代名詞なしに言われれば、至極当たり前のことのように思える。誰かとサンドイッチを分け合いたいと思ったところで、相手も同じように考えているのでなければそうはならないわけで、それは抑圧の形態でもなんでもないだろう。幼稚園で習わなかっただろうか。

だがもし女性の身体とのセックスが、異性愛者の男性が持つ権利だと思っているなら、女なんて自分と自分の権利の間に常に立ちはだかろうとする頭の狂ったモグリの門番みたいなものだろう。つまりそういうことを考える人物は、女性を人間だと認めることができず、それはおそらく読んできた本や見てきた映画、もしくは読んでもいない本や見てもいない映画に教えられたことかもしれない。あるいは、身の回りの誰かに直接吹き込まれたのかもしれない。芸術には意味がある。そして少なからぬ芸術作品のなかで、レイプは意思の勝利として崇め奉られている（一九七〇年のケイト・ミレットの著書『性の政治学』を参照されたい。『エスクァイア』のリストに挙がっているのと同じ男性作家も何人か取り上げられている）[12]。話はいつだってイデオロギー的なのだし、イデオロギーでできた世界に私たちは生きている。

二〇一五年、調査報道ジャーナリストのT・クリスチャン・ミラーとケン・アームストロングは、ある連続レイプ犯が警察に逮捕されるまで（そしていかに被害者のひとりが何年も発言を信じてもらえず、脅された末に嘘をつくことを強要され、そのせいで起訴されるに至ったかについて）を描く長文を発表した[13]。レイプ犯が彼らに語ったところでは、「彼は子どもの頃、ジャバ・ザ・ハットがレイア姫を奴隷の身にして鎖につなぐのを見たときから、異常な性的ファンタジーに捕らわれていた[14]」。文化は人を形作るのだ。

「『ロリータ』を読み、登場人物のひとりに同一化することは、完全にナボコフを誤読することだ」と、特に頼んだわけでもないのに、ある人物が教えてくれた。面白かったのでフェイスブックにその話を投稿すると、感じのいいリベラル男性が現れて、この本は実はアレゴリーなのだよ、と説教してきた。まるで私がそんなことは夢にも思わなかった、とでもいうように。そう、それはアレゴリーだし、太った年寄り男が痩せこけた子どもを何度も何度も暴行する物語でもある。そして彼女は涙を流す。そこでまた別の感じのいいリベラル男性が現れて言った。「芸術についての基本的な真実を理解していないようだね。僕は別に、女が大勢出てきて駆け回り、男を去勢しまくる小説だって構わない。それが素晴らしく書かれてさえいれば、おそらく読むだろう。一度ならずね」。もちろんそんな文学ジャンルは存在しないが、もしそう語ったこの感じのいいリベラル男性が、一冊、また一冊と、去勢シーンまみれの本とか去勢を称える本とかを読まされ続けたら、何がしかの影響はあるんじゃないだろうか。

　急いでつけ加えておくが、人生のこんな段階まで生きてきて、いまさらこの男たちに傷つけられたとも思っていないし、自分が哀れだとも感じていない。ただもう彼らが繰り出してくるクソくだらないたわ言の数々に、目玉が飛び出るほど驚いている。まるで自分がラボで実験していて、彼らが次から次へととてつもなく上質の試料を提供し続けてくれるみたいなのだ。どうやら地平線の彼方では、彼らのうち何人かがひどく動転していて、このうえなく文学的な、今年のブッカー賞受賞者その人であるマーロン・ジェイムズをしてこう言わしめたようだ。「リベラル男性たちよ。お前らがネオリベラルへと、さらにネオコンへと避けがたく進化していくのを止めようとは思わない。だから手短に言おう。お前らのなかにはレベッカ・ソルニットの新しい文章が気に食わないやつがいるようだ。一方に検閲というものがあり、他方には、誰かが金儲けの手段にしていることを問いただす姿勢がある。このふたつは、同じではない」[15]。

そして、ジェイムズがこんな風に加勢してくれたことには感謝するものの、私は特に、誰の金儲けの手段も問いただそうとはしていなかった。ただ何冊かの本と、死んだ作家たちが書いた登場人物たちについて面白おかしく書いただけだったし、その文章では多くの男性作家たちを称賛し、祝福してもいた（実際、ぼろくそに言ったのと同じくらいの数の作家を褒めたはずだ。スコア的には引き分けだったと言っていい）。この男たちはどうも動揺しまくって、私の意見や声の存在が自分たちの権利を脅かしていると信じていたようだ。あのね、検閲というのは権力が芸術作品を抑圧することを指すんですよ。作品が嫌いとか、そういうことじゃなくて。

『ロリータ』を読むべきじゃないなんて、私は一言も言っていない。実際、一度ならず読んだことがある。女が読むべきでない本のリストについて冗談を言っただけなのだ。世間で褒めちぎられている本のかなりの多くが、自分のジェンダーについてだいぶひどいことを書いているものだから。でも私はこうも言った。「誰だって何でも好きな本を読めばいいというのは、もちろん大前提ではあるが。リストにあるいくつかの本はひたすら、なぜ女が穢れていたり、お飾りとして以外はほとんど存在しなかったり、本質的に邪悪で中身のない存在なのかを吹き込むだけのように思える」。それから、本や作家についての意見をあれこれと述べて楽しんだのだ。でもある点については真面目だった。自分のような人たちが出てきて、ぼろ雑巾のように捨てられ、汚物扱いされ、沈黙していたり、不在だったり、無価値だったりするような本ばかり読んでいると、何がしかの影響は受けるものだ。芸術は世界を形作るものであり、それには意味があるのだから。芸術は私たちを形作る。あるいは、ばらばらに壊す。

（二〇一五）

訳注

▼1——ジェイン・オースティン（一七七五—一八一七）は英国の作家。鋭い観察眼で中流階級の女性の生活や恋愛、結婚などを描いた。後述される『高慢と偏見』（原著一八一三）は代表作のひとつ。本節の冒頭は『高慢と偏見』の冒頭、「財産のある独身男性なら、妻を欲しがっているに違いないということは、普遍的な真理である」のもじり。

▼2——ウルフによる鏡の比喩は、『自分ひとりの部屋』第二章から。元の文で言及されているのは拡大鏡。

▼3——イシュメルは『白鯨』の主要登場人物。デイヴィッド・コパフィールドはディケンズの同名小説の主人公。ダーティーハリーは、クリント・イーストウッド主演の同名の映画シリーズの主人公。ホールデン・コールフィールドはJ・D・サリンジャー（一九一九—二〇一〇）の小説『ライ麦畑でつかまえて』（原著一九五一）の主人公。

▼4——ジェリー・サインフェルド（一九五四—）、ビル・マー（一九五六—）はそれぞれ米国のコメディアン。

▼5——マルク・レピーヌは一九八九年に起きたモントリオール理工科大学虐殺事件の犯人。殺害された十四人は全員女性だった。

▼6——ギルガメシュは古代メソポタミアの『ギルガメシュ叙事詩』に登場する王。エリザベス・ベネットはオースティンの『高慢と偏見』の主人公。

▼7——英国の作家トーマス・ハーディ（一八四〇—一九二八）の『ダーバヴィル家のテス』（原著一八九一）は、貧しい少女がレイプされ、犯人の子どもを身ごもった末に悲劇的な人生を送る物語。『レス・ザン・ゼロ』（原著一九八五）は米国の作家ブレット・イーストン・エリス（一九六四—）による、上流階級の若者の退廃的な生活を描くデビュー作。作中にはドラッグディーラーに監禁され、性奴隷にされる十二歳の少女が登場する。

▼8―アンソニー・トロロープ（一八一五―一八八二）はヴィクトリア朝時代の英国の作家。

▼9―アーサー・C・ダント（一九二四―二〇一三）は米国の美術批評家、作家。ここで言及されているのは、カンザス大学での講演を文章化した「想像力の政治学」。https://kuscholarworks.ku.edu/bitstream/handle/1808/12402/The%20Politics%20of%20Imagination-1988.pdf?sequence=1

▼10―ナザール・ナフィースィーはイラン出身、米国在住の文学者。『テヘランでロリータを読む』（原著二〇〇三）は、全米でベストセラーとなった回想録。革命後の抑圧的なイランで、女子学生たちとナボコフを含む作家たちの読書会を開いていた経験を描く。

▼11―スコット・アダムスによる『ディルバート』（一九八六から連載）は、技術者の主人公の体験をもとに肥大化・官僚化した企業文化を皮肉るマンガ作品。

▼12―ケイト・ミレット（一九三四―二〇一七）の『性の政治学』（原著一九七〇）は、男性作家の作品に見られる家父長主義とセクシズムを厳しく批判する、第二波フェミニズムの代表的文学批評書のひとつ。

▼13―ここで言及されているエッセイは、「レイプについての信じがたい物語」と題されたもの。https://www.propublica.org/article/false-rape-accusations-an-unbelievable-story

▼14―ジャバ・ザ・ハットは『スター・ウォーズ』シリーズに登場する太ったナメクジのような生物。レイア姫はキャリー・フィッシャー（一九五六―二〇一六）が演じたシリーズの主要登場人物。

▼15―マーロン・ジェイムズ（一九七〇―）はジャマイカの作家。『七つの殺人に関する簡潔な記録』（原著二〇一四）でブッカー賞受賞。

加害者が行方不明

探偵小説では、無知の状態から始まり、手がかりをひとつずつ得ることで、読者は知ることに近づいていく。最後には小さな指標の数々が真実の開示につながり、それによって世界があるべき形に戻り、正義の鉄槌が下る。あるいは少なくとも、世界がついにはっきり見えるようになったという満足感が得られる。もし探偵小説が迷いから覚めることについての文学だとすれば、物事をはっきりさせるより、人を騙して気を逸らそうとする迷いについての文学の方が、ずっとありふれているだろう。

ここ最近での絶好の例は、ＣＤＣ（米国疾病予防管理センター）が新しく出し、広く笑いものにされている飲酒ガイドラインだ。それはまるで、後ろ向きに進む探偵小説のようだ。まともに信じて読むと、女性とはどんな存在で、暴力や妊娠がどのように起こり、それらには誰が関わっているかといったことが、頭の中でぐちゃぐちゃになる。もう少し気をつけて読むと、なぜ受動態がしばしば隠ぺいのために使われるのかとか、回りくどい文章で欠落している主語はたいてい被疑者を指しているということが見えてくるかもしれない。

女性とはどんな存在か？　ＣＤＣによれば、すべての女性は妊娠する危険に瀕している。「極度の飲酒は女性にとってたくさんのリスクがあります」と、その見取り図は語り、「すべての女性」にとってのリスクを箇条書きにする。頭には「負傷／暴力」があり、末尾には「望まない妊娠」が来ている。「極度の飲酒が女性に与えるリスクには……妊婦、もしくは妊娠しているかもしれない女性によるアルコール摂取が含まれます」。医療従事者は「妊娠しようとしている女性や性交時に避妊していない女性が飲酒しないよう助言すべきです」。こうしてシンプルな言葉を矢継ぎ早に繰り出すだけで、すべての女性は繁殖適齢期にある生殖能力のある女性で、生殖能力のある男性と接触する可能性のある存在である、ということにされてしまう。これだとほかの多くの種類の女性の存在も、少なくともある種の男性が女性同様に持つべき責任も、否定されてしまう。もしかするとそれは、男性の存在そのものを否定しているのかもしれない。このガイドラインでは、女性は男でなく酒と交わった結果、妊娠することになっているからだ。「女性」とは、ＣＤＣの判断基準の外側にこぼれ落ちる、多様な私たちの存在を示すカテゴリーだ。私たちの多くは思いがけず妊娠するなんてことが起こりうる年齢をとっくに過ぎていて、その可能性で不安になるようなこともない。ナパ・ヴァレーで熟している素晴らしいピノ・ノワールの樽の中をハンサムなソムリエたちと一緒に何周も走ったとしても、うっかり妊娠してしまうなんてことはありえない。若い女性でも、長期間避妊具を装着しているとか、卵管結紮しているとか、健康状態や治療や遺伝的確率が関係しているとか、何らかの理由で生殖能力がない人はたくさんいる。大量のモヒートが間欠泉のように地上から噴き出してこようがどうしようが、彼女たちは妊娠しない。第三に、人口のうちの有意な数の女性がレズビアンである。そして／あるいは、飲酒するときは男でなくほかの女性たちを同伴しているかもしれない。男と飲んだとしても、生殖能力がありながら避妊せずに女性とセックスしようとする輩とではないかもしれない。最後に、トランス女性たちは一般的に、ナイアガラの滝ほどのプロセッコのスパークリングワインを目の前にしても、妊娠しない。意図的に出産したトランス男性は何人かいるが、それはまた別の話であり、ちょっといい話でもある。私たちがこうして調べなければいけない話なんかより、ずっといい。

なぜって、本当にやばいのはこういうことだ。女性（生殖能力のあるシス女性）は、どうやって妊娠するのか？　六年生の性教育に戻ってみよう。精子と卵子の結合がどうとかって、覚えているでしょう。私たちの多くがCDCの新しい図表について考えていて驚くのは、女性がどのようにして妊娠するかについて言及するのを避けているからだ。妊娠は男性と女性の特定の部分が、特定の仕方で結合するときに起こる。男がいなければ、誰も妊娠しない。これがあまりに露骨すぎる言い方だというなら、こうしよう。少量の男性の遺伝形質が男性器によって取り込まれると、女性は妊娠する（精液や受精卵を子宮に取り込むには別の方法もあるが、これは意図的に妊娠しようとするときにしか使われない）。ああ、そして一応これも言っておくが、男性器はほとんどの場合、男性にしかついていない。

　女性がアブラハム時代のティグリス川流域の谷間ぐらい肥沃なこともあるだろうが、種を持った男と交わることなしには妊娠しない。でもよくある語られ方を聞いていると、まるで女性がひとりでに妊娠するみたいなのだ。保守派は「父なし子」を持つ女性や快楽のためのセックスを非難するときに、この論法を使う。反中絶の物語はしばしば、堕落した女が快楽だけを求めてセックスして、当然の報いを受けることをめぐるものだ。男の存在なしにはこうした妊娠のリスクがあるセックスをしようがない、というのがこの話のとんでもない部分なのだが、そこのところはよくある筋立てによって隠ぺいされている。

　数回前の選挙戦でのこと、トッド・エイキンという政治家が、「正統なレイプ」であれば女性は妊娠しないとのたまった。彼によると女性の身体は、子宮にリモコンで動くドアでもついているかのように、「よからぬものを締め出す」ことができるという。彼のとち狂った考えに注目が集まる一方で見過ごされがちなのは、このコメントがレイプの被害者にすら中絶する権利を与えないことを意図してなされたものだったということだ。現在の極端な反中絶支持とその施行においては、（流産を誘発しようとした女性たちが起訴されたケースのように）女性は子宮内の胎児に関して何の価値も持たないことになる。胎児の半数は女性となり、また次の世代の胎児に関して何の価値も持たない、という過程が繰り返される。女性は価値あるもの、つまり男性を運ぶ容器のなかにある容器のなかにある、価値のない容器なのだ。あるいは、性別が女とわかるまでは、子どもにも価値があるということかもしれない。わからない。この人たちの考え方ときたら、まったく謎なので。

一方、こうした生殖を曖昧化する物語においては、妊娠のメカニズムは注意深くひた隠しにされている。まずは、行方不明の男性をめぐる謎、とでもいうべきものがある。それは生殖の場から男性を消し去り、父の不在と呼ばれるものから父親たちを赦免する。まるで子どもの誕生の場面で彼らが不在であっても、なぜか別にどうでもいいことであるかのように（そう、そして、善良な男を子どもたちに会わせようとしない悪い女たちもいるだろうが、個人的な経験で言えば、父親が子どもの行事に居合わせなくて、母親が暴力的な変態から逃げ回っているケースの方をよく見かける）。まじめな話、なぜ男たちがこの手の物語において不在なのかなんて、わかりきっている。不運なものも偶然のいたずらもひっくるめて、妊娠に対する責任から彼らを解放し、多くの貧しい女性たちが長い間批判され続けている事態——つまりは、父のいない子どもの存在——を作り出した現象から、彼らを赦免するためだ。父のいない父たちの大軍。

ミソジニーが存在しない並行宇宙を想像してみよう。そこでは男性がこう言われるのだ。女性を九か月もの間妊娠させ、別の人間を出産させるような目に遭わせる危険なものを携え、同意も計画も長期的な結果に対する配慮もなしに、その危険物を妊娠可能な人に注入して歩くとは、なんと無責任で、不道徳で、あれこれが欠落している――女性が欠いているといつも言われるのは何だったっけ――ことか。こんな風に男性が怒られるのはあまりないことだろう。女性が妊娠を利用して男性を罠にはめることについての警告はよく見かけるし、それは男性がどうやって責任逃れをするのか、よく描き出している。でもまあ、精子からは逃げられない。

ジカウィルスについての女性への勧告も、女性の飲酒ガイドラインと似たようなところがあった。先天異常を引き起こす病が流行する状況で、妊娠を避ける責任は、完全に女性にあるかのように描写されていた。エルサルバドルのように、いかなる状況でも中絶が違法であり、避妊手段が簡単には手に入らず、（ほかのたいていの場所と同じように）セックスに関して女性が安心して簡単にノーと言えるとは限らないような国ですら、そうだったのだ。十七人の女性が中絶（エルサルバドルは流産がそのように解釈されることもある）したとして、殺人罪で起訴され投獄された。彼女たちの身体が誰のものと言えるのかについては議論の余地があるが、それが彼女たちのものとはみなされていないことは明らかだった。ブラジルは、妊婦とセックスする際にはコンドームをつけるよう男性に勧告するところまでは行った（だが妊娠する可能性がある女性が相手の場合は、そこに含まれなかった）。

こうした生殖の曖昧化につきものなのが、男たちも、社会資源を手に入れる権利も、行方不明になることだ。合衆国における望まない妊娠を強調するCDCの姿勢には、生殖可能な年齢層にあって避妊をしていないあらゆる女性が飲酒すべきではない（避妊していても予期せず妊娠する女性がたくさんいることを無視した言い分だ）と主張するより、生殖に関する権利や教育やヘルスケアを手に入れやすくすることの方が、望まない妊娠を減らすのに有効なのではないかと首を傾げたくなる。

アルコールは危険だと女性に説いて聞かせることが、いかにこの国が赤ちゃんを愛しているかを物語っていたならよかったのに、と思う。ニューオーリンズからボルティモアやフリントまで鉛汚染が広がり、アイオワには硝酸塩に汚染された水があり、発がん性物質が含まれた殺虫剤が撒かれ、糖分たっぷりのジャンクフードと若年層の糖尿病の関連性が指摘され、万人を対象としたヘルスケアと、保育と、良質で十分な量の食べ物が不足しているこの国だ。もちろんそんなはずはない。ただ女性に憎しみがぶつけられているだけの話だ。女性に対する憎しみが作り出す物語の中では、男が消え、女が魔法使いとなって、ふしだらな性癖のために、どこからともなく赤ちゃんを生み出している。女性に権力を与えるという点では興味深い物語ではあるが、正確な物語の方がやはりいい。それにきっと、環境や経済的要因が子どもの健康に与えるあらゆる影響について語るような、スケールの大きい物語ならなおいい。でもそうすると、被疑者は彼らではなく、私たちになってしまう。

　言葉は重要だ。私たちは人々が被害者を責めるのを止めさせるために、レイプとかかわりのある言葉をめぐって激しい闘いを繰り広げてきた。その簡潔な標語となったのはこれだ――「レイプを起こすのはレイプ犯」。女性が着ているものでも買うものでも、行く場所でも、ほかの何でもない。というのも、女性に落ち度があるとみなすと、探偵が何も解決しない探偵小説か、主人公が行方不明のミステリーに入り込んでしまうだけなのだ。レイプは意図的な行為だ。そしてレイプを行うのはレイプ犯だ。それでもあなたは、とりわけ大学のキャンパスにいる若い女たちは、みずからレイプを招いていると思うかもしれない。曖昧模糊としたこの物語では、キャンパスの若い男たちの姿がさっぱり見えない。男たちは天気とか周囲の自然現象のように抽象化され、避けることはできないけれども支配もできず、責任も要求できないような存在になり果てる。この物語では、個人としての男たちは消えてしまい、レイプや暴行や妊娠は、女性が順応するしかない天候状態のようなものになる。もしそうしたことが彼女たちの身に起こっても、それは自分のせいなのだ。

　この国にはこの種の物語がたくさんある。そういうものを信じると、頭が悪くなる。貧困の原因やレイシズムの影響を、説明するのではなく覆い隠すような物語。原因と結果を切り離し、意味を脇に押しのけるような物語。素朴なオレンジと緑の図表の中で、なぜ女性が飲酒すべきでないかとか、過度の飲酒には「負傷／暴力」のリスクがあるとか説くことによって、ＣＤＣは不在の加害者を犯罪から切り離しているのだ。さて、ぶっ倒れてものを壊したりすることには最低の酔っぱらいになるリスクが含まれているといえるが、ここでは「負傷」が「暴力」と対になっているし、椅子につまずいて転ぶのはふつう暴力とはみなされないので、それが意味するところは明らかだ。つまり、誰かがあなたを傷つけ、怪我をさせるかもしれないということだ。正気の世界と文法的一貫性を保った物語においては、暴力には原因がある。そしてその原因には自主性と意識がある。それは自分とは別の、生きて実体を持つ存在でなくてはならない。アルコールにはそんな実体はない。自主性とか意識もない。身体の上に木が倒れかかってきても、それを暴力的とは言わないだろう。自分が住むぼろぼろの貸家が崩れて下敷きになったら、それは大家の責任かもしれないが。

　あなたは酒を飲み、怪我をする。誰があなたを怪我させたかは、触れてはならないのだ。まるで部屋には女とアルコールしかいないかのようだ。人物が特定されている場合でもそうなのだ。男も飲みすぎには気をつけるべきだと説くCDCのガイドラインは、「性的暴行には一般的に、過度の飲酒が絡んでいることが多いです」とある。まるで「過度の飲酒くん（excessive alcohol use）」という名前の人物でもいるみたいだ。あるいは強調して「**過度の飲酒くん**（Excessive Alcohol Use）」とか。シャツや携帯用酒瓶に、EAUとイニシャルが入っていたりして。私たちはみんなEAUに会ったことがある。しょっちゅう性的暴行に絡んでいるんだよね。だが大事なのはこれだ。彼は決してひとりでは行動しない。なぜならCDCは、「あなた」とか「男性たち」とか「酔った男たち」とか「加害者」とか言うのを必死で避けようとするあまりに、バロック風飾り結びのようにねじくれてしまったからだ。誰かが殴られたりレイプされたりすることより、別の誰かの気分を害することの方を心配しているみたいだ。だが人々が傷つけられる原因のひとつは、やったのは誰か、私たちが語ろうとしないことにある。

このリストに載っている**過度の飲酒くん**には、**過度の飲酒消費量くん**（Excessive Alcohol Consumption）という兄がいて、こちらも負けじと厄介者だ。「過度の飲酒消費量によって攻撃性が増し、他人を身体的に暴行するリスクが高まります」。EACはどうも単独行動も取るらしい。これは欠落した主語を探す文についての物語なのだ。誰の攻撃性なのだろう？　暴行するのは誰？　CDCも追跡に加わって、男性に関する警告も出したほうがいいのかもしれない。結局のところ、女性に対して暴力をふるう主な人物は男性なのだから（それを言うなら、男性に対して暴力をふるうのも主に男性だ）。文面を想像してみてほしい！「男性の使用は妊娠や負傷につながるおそれがあります。男性の使用には注意が必要です。潜在的なリスクをふまえ、個々の男性を注意深く評価しましょう。アルコールとともに男性を使用する際には注意してください」。警告ラベルでも貼っといたほうがいいんじゃないだろうか。でもそれとて、男性を自分のしたことから免責することにつながるのだろうし、そんな免責を行うのをやめたら世界はもっとよくなるんじゃないだろうか。ドメスティック・バイオレンスは、合衆国の十五歳から四十四歳までの女性の負傷の主要な原因だ。

　第二の原因は、「女のせいでこうなった」という類の論理展開だろう。受動的な言い方と能動的な暴力はしばしば併用される。武器を持っておらず威嚇もしていない男性を殺害したサンフランシスコの警官は、公判で語った。「悲劇的でした。不運なことに、そうせざるを得なかったのです」。だが自分自身の誤った判断以外に、彼を強いたものは何もない。二十年以上も被害者支援を続けてきたジョージア・ブラックは、私にこう語った。「いくつもの判決の宣告や仮釈放公聴会に出席してきて、加害者が「おそろしいことが起きた」というのを何度聞いたかわからないくらい。被害者やその家族に宛てた謝罪の手紙にすら、「あなた方の身に起こったことについて、誠に遺憾に思います」なんて書いてあるんです」。「自己と行為が合わさって結果をもたらす」という単純な事実さえ、彼らにとっては解けない数学の問題や、向き合うことのできない帰結のようなものらしい。言葉、なかでもずさんな言葉、曖昧な言葉が、逃げ道になる。物事は起きる。

　文学の野生生物保護区で、私たちは発話の種や、個々の言葉の飛行パターンや、群れになった言葉同士の行動を研究している。言葉が何をするのか、なぜそれが重要なのかを私たちは学んでいる。世の中に出て、政治的発言や、ニュースの見出しや、ＣＤＣの勧告といったものに含まれるあらゆる倫理的規範に反する言葉を見て、どのようにしてそうした言葉が世界を形作るのか、あるいはめちゃくちゃにするのかを理解するのは、素晴らしい訓練になる。物事を明確にし、見るのを助けることこそ、もっとも偽りなく崇高な言葉の機能だ。それとは反対の目的で言葉が使われるとき、あなたは厄介事に巻き込まれるし、何かが覆い隠されているかもしれない。

　探偵の仕事とそれが生み出す知覚の営みは、嘘を信じることから私たちを救い出し、嘘がアリバイであるならば、そこで守られているのは誰なのかを教えてくれる。ＣＤＣがアルコールの誤用の危険について警告するのはもっともなことだ。ああいうやり方でなかったとしたら。私たちはみな言葉の探偵なのだ。もし注意を払っていれば、発言がその意図するところを明らかにしなくても読み取れるようになるし、物語が嘘をついているときはわかるようになる。実のところ多くの物語は、嘘だらけなのだ。

（二〇一六）

女巨人《ジャイアンテス》

ラディカルなものはしばしば周縁的なものとして想像されるので、ときに真の意味で価値観を揺さぶるものがTシャツやスキー用フェイスマスクでなくタキシードを着て現れたりすると、そうと気づかれないことがある。たとえば一九五六年公開のジョージ・スティーヴンス監督作『ジャイアンツ』だ。それは叙事詩であり、長編の冒険譚であり、壮大な家族物語であり、牧場経営から石油へとテキサス経済がシフトする歴史を圧縮したものであり、ポスト西部劇の西部物語であり、そして一種の火炎放射器でもある。三時間ちょっとの尺に、結婚から人種、階級、ジェンダー問題への論及まで、すべてを詰め込んでいる。

　出演するのはエリザベス・テイラーと三人のゲイ男性――ロック・ハドソン、ジェームズ・ディーン、サル・ミネオ――で、映画の役柄を離れても同じようにしているのではないかと思わせる仕方で、互いの周りを居心地悪そうに動き回っている。[▼1]このことに気づいたのは、はじめて『ジャイアンツ』を見たときだ。サンフランシスコのカストロ劇場で、公開三十周年を記念して上映されたときのことだった。[2]千四百席を擁するこの夢の宮殿のような場所で十代半ばから映画を見てきて、暗闇の中で居合わせたゲイ男性たちが漏らすため息やうめき声や忍び笑いから、ホモエロティックな暗黙の主題や、生気溢れる女性が与える悦びや、キャンプやビッチらしさやクリシェを味わうことを学んだのだった。

　同席者の多くは『ロッキー・ホラー・ショー』のようなカルト映画を丸覚えしていたし、カストロはいまも『人魚姫』や『サウンド・オブ・ミュージック』に合わせて歌える観客向けに参加型上映を行っていて、私も『ジャイアンツ』でテイラーが喋る最良の台詞のいくつかは暗誦できるまでになった。[3]テイラーは歓喜に満ちた類まれなる存在で、あまりに多くの反抗的な女性が、あまりに多くの家父長制のプロットにおいてそうであったように、死んだり捨てられたり敗れたりする結果に終わるのではなく、規則を破り、勝ち誇り、人生を楽しむ女性だ。初めてこの映画を見た年の前年、ハドソンがエイズで亡くなり、テイラーは、当時は治療不可能とされ、ひどくスティグマ化されていた病に倒れた者たちを擁護する活動に乗り出した。支援者かつ基金調達者としての率直で英雄的な行為は、実人生での彼女の姿に、三十年前に自身が演じた征服されざるヒロインの面影を与えた。

　ハリウッドが絶えず供給するアクション・ヒーローに同一化する男性たちはいつもそ

うなのだろうが、こういう女性を銀幕で見るたびに、テンションが上がる。二〇一五年の伝記映画『ジョイ』では、ジェニファー・ローレンスが古典的な銃の使い手のようにテキサスの通りを歩くのを見ているだけで、年に一度あるかないかぐらいの興奮を味わった。[4]ローレンス演じるカットニス・エヴァディーンは、ずっと以前に作られた香港のアクション映画のヒロインたちやニキータと同様、ハマらずにはいられないキャラクターだ。[5]ひれ伏したりなどしない、強さで圧倒《スレイ》する女性について歌うビヨンセの最近のビデオにも似たような喜びを感じる。[6]不屈の女、意のままに生きる誇り高き女性だ。

二度目に大画面で『ジャイアンツ』を見たのは公開四十周年のときで、パフォーマンス・アーティスト、ギレルモ・ゴメス＝ペニャと一緒だった。彼といると、低くくぐもった声で素晴らしいコメントを繰り出す人物が、自分専用に用意されているみたいなのだ。ギレルモは黒い革の衣装で全身を固め、二日酔い状態で席に身をうずめていた。冒頭から彼は囁いていた。「レベッカ、ちょっとこれ、すごすぎて信じられないんだけど」。映画の最初の方で、晴れやかで落ち着いた若き日のテイラー演じる、メリーランド出身で社交界の新顔である若い女性、レスリー・リントンが登場する。彼女に惹きつけられながら苛立ちも覚えているのは、ロック・ハドソン演じるテキサス西部の牧場主だ。リントンは思わせぶりな美しい女性としてハドソンを虜にするが、思ったことをはっきり言うので疎まれもするのだった。フロイト的モチーフ警報——彼はリントンの父親から種馬を買うためにやって来たのだ。冒頭の場面で彼女が立派に乗りこなす、輝くばかりの黒馬だ。初めて会った次の日の朝、彼女はテキサスについて一晩中読んでいたのだと告げ、彼が喜ぼうとしたところでこう言うのだ。「私たち、本当にテキサスを盗んだのね！　メキシコから」。

　それは控えめながらも過激な場面で、ハンサムな黒人執事が見せる当惑した表情と、ハドソンがトーストをのどに詰まらせてせき込む様子とがカメラに捉えられることで、一層複雑になっていた。ブラウン対教育委員会裁判と、それに似ているが同じほどには注目を集めなかったヘルナンデス対テキサス州裁判の翌年に作られたこの映画は、南部において黒人であることの政治性には言及しなかったものの、テキサスの白人と褐色の肌の人々をめぐる人種問題を取り上げようとしていた。[7] 完璧な論戦を見せたとは言えずとも、映画は白人の協力者の視点から広い意味での人種的正義を扱うジャンルの作品に当てはまった。苦しんでいた当事者による語りではなくとも、マーティン・ルーサー・キングが大学院を修了しつつあり、ローザ・パークスがまだ白人にバスの席を譲っていた時期に撮られた映画としては、驚嘆すべき大ヒット作だった。[8]

　私たち、本当にテキサスを盗んだのね！　それはいま聞いても素晴らしい台詞だが、朝食の場でエリザベス・テイラーが故郷に酔った牧場男爵にぶつける意見としては、驚嘆すべきものだ。それはいまなお歴史をはっきり思い出させてくれる言葉だといえる。

ギレルモと私がカストロで四十歳になった『ジャイアンツ』を見た年――一九九六年――には、カリフォルニアは移民叩きの時代の只中にあった。それを突き動かしていたのは移民が経済に影響を与えるというさまざまな神話であり、そこでは新たな経済政策の重荷が、所有者や支配者から被支配階級に転嫁されていたのだった。その年はアメリカ・メキシコ戦争開戦百五十周年でもあった。二年で終結した戦争で、合衆国はメキシコの北半分、ニューメキシコからカリフォルニアに至る豊かな土地を手にした。それがメキシコの手に残されていたら、現在とは劇的に異なるグローバルな地政学を描いていただろうし、哀れなヤンキーが、超大国での職を求めて南西部の国境をこっそり超えようとしていたかもしれない（テキサスはもちろん、とっくの昔に盗まれていた）。記憶喪失は、ラティーノ移民や住民を悪者扱いする政治家のイデオロギーの肝の部分を占める。ゴールド・ラッシュの時代から、一九九〇年代のカリフォルニア州知事ピート・ウィルソン、二〇一六年の共和党大統領候補まで、それは変わらない▼9。

　ハドソン演じる牧場経営者、ジョーダン・ベネディクト二世は、美しい女が口にした真実にもめげず生きのびて、ひとつかふたつ場面が過ぎるとふたりは新婚夫婦となり、私有する列車を故郷へと走らせている。冒頭では南東部のゆるやかな緑の丘で猟犬とともに狩りをしていた女性は、枯れ草が点々とする不毛の地、テキサス西部で生活する契約をしてしまったのだと気づいてショックを受ける。だが彼女は周囲に適応していき、いくらか環境に手を加える。五〇万エーカーもある牧場でラティーノたちがどんな扱いを受けているかについておせっかいを焼き、不毛なだけでなく人種隔離された土地でもあることに気づく。そこでは彼女の夫が、カナーンの地におけるアブラハムのように君臨しているのだ。映画が教えてくれることのひとつは、合衆国の大きな分断は必ずしも南北戦争が作り出した北部／南部のものだけではなく、生活様式も歴史も自然環境もスケールも異なる東部／西部のものでもある、ということだ。英語でなくスペイン語を話す人々に会って、外国に来たとレスリーが勘違いするのも無理はない。

　テイラー／レスリーが冒頭の場面で堂々と乗りこなす馬も、彼女について来ていた。彼女にはこの馬――種馬という野生の力――に自分を重ねる。そこでは東部性や女性が空気のような軽さや無活動を示すという通念が、小気味よく転覆されている。少し前の場面で夫と義姉は、彼女はあまりにか弱くて、暴れ馬に乗ったり灼熱の太陽の下で家畜を駆り集めたりはできないと決めつけていた。彼らはジェームズ・ディーン演じる怠け者の雑用係、ジェット・リンクの運転する車に彼女を乗せて先に帰した。リンクは彼女に恋をするが、それは彼女が彼を礼儀正しく敬意をもって扱ったからだった（それに、彼女が世界一麗しい存在だったからでもある）。

　息をするように牧畜といじめに通じている不愛想な義姉は、穏やかな乗り手に慣れている義妹の馬から無理に力を引き出そうと、拍車を踏み込みすぎて死に至り、馬も殺してしまう。彼女は馬の脚の骨を折り、馬は彼女の首の骨を折る。彼女はソファの上で息絶え、馬はカメラの見えないところで殺される。だが映画が彼女の死を取り上げるのは少し後のことだ。復活の筋立てはその死に先立って始まっている。テイラーはディーンに車を止めさせて、牧場のラティーノ労働者たちが住むあばら家が並ぶスペイン語区域に降り立つ。そこで彼女は病気の母親と赤ん坊を見つける。義姉を看取るために医師が訪れたとき、彼女はその土地の人種隔離の原則に反して、彼にもっと役に立つことをさせようとする。つまり、赤ん坊だったアンヘル・オブレゴンの命を救わせるのだ（サル・ミネオが映画の後半で成長したオブレゴンを演じている）。

怪物のような作品だ。とてつもなく成功した一九五〇年代のテクニカラー映画が、人種、階級、ジェンダーについてラディカルな視点から語り、カリスマ的魅力を持つ不屈の女性を中心に据えている。もちろんもっと左寄りの映画だって当時はあった。同じく強い女性の視点から語られる『地の塩』は一九五四年に公開されたが、ニューメキシコの炭鉱労働者のストライキを丹念に描いた白黒映画で、当時はお蔵入りにされた。惜しみなくカラーを使った『ジャイアンツ』はオスカーのいくつもの部門でノミネートされて最優秀監督賞を受賞し、巨大な興行成績を収め、全般的に多くの観客に受け入れられた。それは私たちがプロパガンダや擁護運動に望むものだ。『ジャイアンツ』が示しているのは、そこにたどり着くには快楽（それから予算）が必要だということなのかもしれない。

『ジャイアンツ』が結婚について真面目に語っている映画でもあると気づくまでには、そこからさらに十年かかった。強い結びつきではあっても簡単なものではなく、寛容と忍耐によって深い部分にある意見の不一致を乗り越えていくふたりの人間の関係だ。テキサスのスケールの大きさから映画は『ジャイアンツ』と題されており、ロック・ハドソンは山のように他のものすべての上に立ちはだかる。だがそれは『ジャイアンテス（女巨人）』と呼ばれていてもよかったのかもしれない。テイラー演じるレスリー・ベネディクトは、道徳的資質を備えた怖れを知らない人物で、その前では他のすべてが霞んでしまう。彼女は力のある男たちを叱りつけ、姿の見えない下役のような人々にも手を差し伸べ、概して権力と戦う傾向を持つ。環境に順応もするけれど、多くを失うことはない。たいていの場合、夫は彼女の言動に反応し、理解しようとする側だ。

ヴァージニア・ウルフはかつて、メアリ・ウルストンクラフトの恋人、ギルバート・イムレイについてこう語った。[10] 偉大なフェミニストの革命家とかかわりを持った彼は、小魚を捕まえようとして「イルカを釣り上げてしまった」のであり、そのイルカは彼がふらふらになるまで水の中を突き進んで行ったのだと。ハドソン演じるジョーダン・ベネディクトも、人種や階級、ジェンダーの正義のために戦う女闘士と結婚してしまったのだと気づいてしばしば目眩を覚えているが、イムレイと違い、彼は釣り竿を離さなかった。

ハドソンがこの関係の衝撃を吸収する——つまり、自分の欲しいものは手に入らないかもしれないし、次に何をすればいいのかもわからないかもしれないし、愛する人物と意見が合わないかもしれない、という認識に至る——のを見ていると、酔いが覚めるような感じだし、とてもうまく演じていると思う。大平原の上を移動していく雲と天気のように、複雑な感情がそのすべすべした顔の上に浮かんでは消えていく。「あたしはプライドが高くて鼻持ちならない女だって、結婚したときからわかってたでしょう」と、レスリーは彼に言う。彼女がまたしても規則を破り、テキサス平原に巣食う取り巻きや、政治的黒幕や、選挙結果を操作する輩と夫の会話に口を突っ込むという一件があった次の朝のことだ。どのようにして付き合い始めたり、結婚したり、恋に落ちたり、恋が終わったりするのかをめぐる映画はたくさんあるが、何年もかけて関係を保っていくことについてのものはあまりない。喧嘩して、仲直りして、互いに耐えて、妥協して、子をもうけて、とかそういったことだ。

何十年も付き合い続ける芸術作品というのは、自分を写す鏡のようなもの、水をすくい続けられる井戸のようなものだ。重要なのは作品が自分にもたらすものだけでなく、自分が作品にもたらすものでもあるのだと、そうした芸術は思い出させてくれるし、自分がいかに変化したかを測る指標にもなる。十年ごとに見る『ジャイアンツ』が、その都度別の映画のように思えるのは、たぶん私自身が周囲の世界の別々の事柄に興味を抱き、別の人間になっていくからなのだ。もちろん暗闇の中で聞こえる呟きから学んだことは、いまでも大事にしているけれど。

　何かが見えるようになり、誰かのことがわかるようになるまで、どれだけの時間がかかるのだろう。何年もかければ、わかっていると思っていたことでも、初めの頃はほとんど摑めていなかったということが明らかになる。私たちはほとんどの場合、周りにあるものもよく見えず、傍にいる人のこともよくわからず、どんな力が働いているのかも、自分がどんな人間なのかも理解できないままに生きていく。同じものにずっと寄り添っていない限りは、そうなるのだ。そしてこれは、寄り添うことをめぐる映画なのかもしれない。今年の前半、六十周年記念上映で『ジャイアンツ』を見たとき、結婚のプロットは見慣れたものだったし、テイラーのレスリー・ベネディクトが持つ力はやはり堪能できたけれど、かつては見逃していた微妙な差異に今回は気づいたのだ。

　主人公たちに、想像しうる限りで最悪なことが起こる。彼らの息子は成長して、デニス・ホッパーになるのだ。[▼11] ホッパー演じるジョーダン・ベネディクト三世は、赤毛で、落ち着きがなく、狡猾で、不安げな男で、子どもの頃は馬を怖がり、大人になると医者になりたいと言い、驚くようなスピードでそれを達成した。しかも彼は両親に告げることなく、メキシコの女優エルサ・カルデナス演じる地味な看護師と結婚する。二十年前に見たときギレルモが言っていたのだが、カルデナスは出身地のメキシコではなかなかのスターで、この映画の役柄よりはるかに魅力的だった。そしてこの映画に出ている他のすべてのラティーノの人物同様、褐色の肌をさらに色濃く見せるため、「茶色の靴墨」とギレルモは呼んでいたと思うが、顔料が彼女の顔に塗りたくられていたようだった。

　ホッパー演じる人物は、五〇万エーカーの土地を受け継ぐのを検討すらしなかった。ふたりいる姉妹のうちひとりは牧場が好きだったが、父がさらに悲しんだことには、自分と牧場労働者の夫が新しい科学的手法を試すには、小さい土地で十分だと言うのだった。ハドソン演じる人物が、自分は子どもをもうけたものの、それは代々続く王国でもなく、後継ぎもいないのだと悟る場面では、少し前の場面から牧場随一の有能な男として登場していたミネオ演じるアンヘル・オブレゴンがその背景にちらついている。今回初めて気づいたのは、ここでハドソンがレイシズムを克服できさえすれば、本当の後継ぎはすぐ傍にいるのだと映画が示唆していることだ。それは以前テイラーが、死にそうなところを救った男だった。その代わり、アンヘルは気づかれることも認められることもなく、第二次世界大戦から棺桶に入って帰宅することになる。ほかの多くのものと同じく彼の約束も、果たされる機会を失ってしまったのだ。

映画は牧畜から石油への経済基盤の変化をめぐる長大な物語としても読み解くことができる。痩せこけた牧場労働者だったジェット・リンクは、小さな所有地から化石燃料が噴出したことで大物にのし上がる。だが映画は少なくとも人種隔離と差別が許容されていた時代から、生まれつつある公民権運動の時代への変化にも、経済と同じくらいの重要性を持たせており、ホッパーの花嫁でハドソンの義娘でもあるカルデナスは、映画のフィナーレに向けて義父も巻き込んだ闘いを推し進める原動力になる。リンクの新しいホテルで、美容師が彼女の髪をセットするのを拒む。帰り道に息子や夫やその両親と寄ったダイナーでは、料理人が彼女を侮辱する。見るからにみすぼらしい様子のラティーノの三人組（まるでパンチョ・ヴィリャの同伴者のようだった）は店を追い出されそうになる。[12] 物語に登場して何十年も経ち、映画が始まって二時間以上過ぎたところで、ハドソンはついにこのことをめぐって立ち上がり、ダイナーの巨大な料理人を殴りつける。が、料理人のパンチの方が効いて返り討ちに遭う。闘いに負けはしたものの、遅ればせながら公民権運動と道理ある反抗への道を歩み出したことで、ハドソンはテイラーの賞賛を勝ち取るのだ。

　映画が家父長制の権力のあらゆる形態を、穏便な形でゆっくりとではあれ否定していた、ということにも今回は気がついた。妻はしばしば夫に従わず、敬意も払わない。子どもたちは父親が用意した計画通りに生きることを拒絶し、メキシカン、あるいはチカーナ（あるいはテキサス生まれのメキシコ系住民、テハナか。映画ではその辺の違いが少々ごちゃごちゃになっている）と結婚する息子はそうだ。牧場経営そのものが、テキサスを定義する中心的で重要な産業ではなくなりつつある。石油がそれに取って代わり、すべてを変えたのだ。テキサス随一の牧場主のひとりであるジョーダン・ベネディクト二世も、自分にとってもっとも重要だった権力を奪われる。しかし映画が語っているのは、彼にとっても、ほかの誰にとっても、いったん受け入れてしまえば、別にそれでもまったく構わないということだ。変化は牧牛から原油へのものだけではない。それは家父長制から、オープンで交渉を通して成立するなにかへとすべてが再編成されることになるという変化でもあり、そこでは同時代の価値が試されているのだ。

　今回映画を見直して驚いたことのひとつは、この作品は、自分には何ひとつコントロールすることはできないが、自分はヨブではないし、これは不遇を託つための物語ではない、そう悟る男を描いたものだということだ。そんな物語を彼が生きていたなら、すべてをコントロールできていなければいけないし、できないとなれば悲嘆に暮れるしかないからだ。映画が提示するのは、王たちは退けられるべきではない、ということだ。そこで仮定されているのは、まったく逆のことだ。王は倒れる——ダイナーの場面でのように、文字通り倒れるのだ——が、特に何も問題はないということだ。この映画のラディカルさはそこにある。

白人男性一般が、結末のジョーダン・ベネディクト二世と同じくらい、潔く変化を受け止められさえしたらと思う。いつもこの映画の主眼はテイラーの型破りなキャラクターだと思ってきたが、実はある種反教養小説的な、中年に至り、コントロールに対する幻想を始め、さまざまな幻想を明け渡すことについての物語なのかもしれない。反抗的な息子ジョーダン・ベネディクト三世は、家族の名を受け継いだ孫、ジョーダン・ベネディクト四世を二世に会わせていた。ようやく気づいたのだが、映画はその茶色い大きな眼をした褐色の肌の色をした子どもを捉えたショットとともに、その幕を閉じる。これが未来だ、と『ジャイアンツ』は語っている。グダグダ言わずに、受け入れなさい。

（二〇一六）

訳注

▼1――エリザベス・テイラー（一九三二―二〇一一）は米国の女優。ハリウッド・シネマを代表するスターとして知られるほか、エイズ撲滅運動にも貢献。ロック・ハドソン（一九二五―一九八五）は米国の俳優。エイズ発症後に同性愛者であることを公言し、話題となった。ジェームズ・ディーン（一九三一―一九五五）は米国の俳優。『ジャイアンツ』撮影終了直後に事故死した。サル・ミネオ（一九三九―一九七六）は米国の俳優。『理由なき反抗』（一九五五）でもディーンと共演。

▼2――カストロ劇場は、いまや屈指のゲイタウンとなったカストロ地区に一九二二年に建てられた映画館。

▼3――『ロッキー・ホラー・ショー』（一九七五）は英国のホラー・ミュージカル。コアなファンが多く、歌って踊れる参加型上映をする映画の元祖のような存在。『リトル・マーメイド』（一九八九）、『サウンド・オブ・ミュージック』（一九六五）も、それぞれミュージカル映画。

▼4――『ジョイ』（二〇一五）は、米国の人気女優ジェニファー・ローレンス（一九九〇―）主演で、女性発明家の生涯を描く伝記映画。

▼5――カットニス・エヴァディーンはローレンス主演の『ハンガー・ゲーム』（二〇一二）の主人公。ニキータは、元は一九九〇年公開のリュック・ベンソン監督の同名のフランス映画の主人公。後に英語圏で映画やドラマとしてリメイクされた。

▼6――ビヨンセ（一九八一―）は米国の歌手。近年はフェミニズムや反レイシズムの擁護者として積極的に発言している。ここでいうビデオは、「スレイ」という語をリフレインに使った「フォーメーション」（二〇一六）などの楽曲を指す。

▼7――ブラウン対教育委員会裁判（一九五四）では、最高裁が人種隔離政策を違法とする歴史的判決を出した。その直前に同じく最高裁で行われたヘルナンデス対テキサス州裁判では、修

正第一四条に基づき、メキシコ系アメリカ人やその他の非白人にも白人と同等の法的保護を与える判決が出た。

▼8――公民権運動の指導者マーティン・ルーサー・キング（一九二九―一九六四）は、一九五五年にボストン大学神学部で博士号を取得した。ローザ・パークス（一九一三―二〇〇五）は同じ年に、アラバマ州モントゴメリーでバス・ボイコット運動を始めた。

▼9――二〇一六年の共和党大統領候補は、ドナルド・トランプ前大統領を指す。

▼10――メアリ・ウルストンクラフトについては「沈黙についての簡潔な記録」を参照。ギルバート・イムレイ（一七五四―一八二八）は米国の実業家、外交官。革命期のフランスでアメリカ大使館に勤務していたときにウルストンクラフトと関係を持つ。

▼11――デニス・ホッパー（一九三六―二〇一〇）は米国の俳優。『ジャイアンツ』で共演したディーンとも親交があり、どちらも業界の反逆児として知られる。「最悪」と本文にあるのは、おそらく後に『イージー・ライダー』などに出演することになるホッパーが、新しい世代の代弁者的存在だったため。

▼12――パンチョ・ヴィリャ（一八七八―一九二三）はメキシコの革命家で農民解放運動の指導者。

謝辞と出典

女性に対する戦争は、男性の暴力に満ちた家に育った私にとって人生そのものだった。いつ家を出れば安全でいられるのかと考え、実際かなり若い頃に家を出たが、今度は街角で赤の他人に脅されるようになる、とわかっただけだった。『ウォークス』（二〇〇〇）でも書いたように、「実のところ自分には、戸外で人生や自由や幸福を追求する権利などないのだと気づいたことは、私にとってもっとも打ちのめされるような経験だった。世界はジェンダーだけを理由に私を嫌い、傷つけようとする見知らぬ他人に溢れ、セックスはいとも簡単に暴力に変容し、それを個人のではなく社会の問題だと考えるような人も周りには誰もいなかった」。私はこのことを、公的な問題として扱いたかったのだ。

この戦争は私たちの文化にしっかりと織り込まれているので、怒りを誘発することも、注目を集めることすらほとんどない。独立した個々の出来事は報道されるが、全体のパターンはあまりに浸透しすぎていてニュースにならないのだ。そこから生じるいくつかの影響を記述し、ドメスティック・バイオレンスについての次の文と同じことを繰り返し語って、私は注意を促そうとしてきた。「アメリカの女性の怪我の原因の第一位を占める。アメリカ疾病予防管理センターによれば、年間で二百万の負傷者のうち、五十万人以上が治療を必要とし、十四万五千人が負傷当日の入院を余儀なくされている」。どんな憎悪や怖れ、特権意識がこうした暴力の背後にあるのかを理解し、暴力は女性の価値を貶め、非人間化し、消し去るようなシステムがより劇的な形で現れたものに過ぎないことを明るみに出そうとしてきたのだ。数えきれないほどの裁判謄本や、レイプや殺人の記録や、壊れた身体、壊れた人生をめぐる統計を読むのは、ときに嫌気がさすような作業だった。だが世界を変えるプロジェクトの一環としては、価値あるものだった。

　私たちみなを法の下に、また日常生活において平等とし、万人の権利と尊厳を保証するための大きな革命において、決定的で重要な役割を果たしたフェミニスト運動に感謝する。そこそこの年齢なので、ドメスティック・バイオレンスや、知人やデート相手によるレイプ、職場のセクシュアル・ハラスメント（十代の頃に経験した職場では日常茶飯事だった）に対する法的解決が存在しなかった醜い旧時代のことはまだ記憶にあるし、そこそこの年齢なので、洞察力と組織力と介入によって世界が変わるのも目撃してきた。私たちがより自由で、平等でいられる新しい世界を生み出してくれた個人や集団の力に感謝するし、近年ではその仕事に微力ながら関われたことにも感謝する。もちろんこの仕事は早晩達成されるようなものではないが、どんな大きなバックラッシュがあろうと、私たちは元には戻らない。

　人生で初めて出会った、不服従で、力強く、自由な年上の女性たちに感謝する。父の従妹であるメアリー・ソルニット・クラークとジューン・ソルニット・セール。彼女たちは一九四〇年代からの人権活動家で、偉大なのに過小評価されている組織、ウィメン・ストライク・フォー・ピースに、一九六一年の設立時から中心的メンバーとして参加している。キャリー・ダンとメアリー・ダン。ふたりは西ショショーニ族の女性指導者で、土地の権利をめぐる彼女たちの闘争に私は一九九二年に加わり、数年に渡ってネヴァダ西部で勇敢な試みと偉大な冒険に参加してきた。そこから数年後に出会った、フェミニスト作家のルーシー・リッパード。そして偉大なスーザン・グリフィン。そのほかにも、たくさん。新しい熱意とヴィジョンでフェミニズムを再活性化してくれる若い女性たちにも感謝する。ジア・トレンティーノ、ロクサーヌ・ゲイ、モナ・エルタホーイ、キャロライン・クリアド＝ペレス、ブリタニー・クーパー、レベッカ・トレイスター、エイドリアン・マリー・ブラウン、エマ・サルコウィッツといった多くの偉大な作家たち。そしてブラック・ライブズ・マターの女性たちと、執筆業のおかげで幸運にも出会うことができた多くの若い女性たち。同世代の女性たちにも感謝する。とりわけアストラ・テイラーとマリーナ・シトリン。ふたりとも熱狂的なフェミニストで、才気にあふれていて、大切な親友でもある。フェミニストとなった多くの男性たちにも感謝する。女が家父長制に奉仕することができるように、男でもほかの誰でも、それに抗うことができるのだといま私たちが理解できていることにも。そしてとりわけ、どこで起きるものであれ、抑圧を理解している多くの黒人男性の声に感謝する。なかでも、タジ・ジェイムズ、イーロン・ジェイムズ・ホワイト、テジュ・コール、ガーネット・キャドガン、ジャーヴィス・マスターズ。十三のときからの偉大な友であり、協力者であり、洞察を与えてくれたゲイ男性たちにも感謝する。クィア解放運動の世界的首都である都市で育ったことにも。フェミニストの子どもたちを育ててくれたわが一家の女性たちにも、感謝する。

　ヘイマーケットのエディター、アンソニー・アルノーヴの才気と献身的仕事、キャロライン・ラフトの素晴らしい編集、アビー・ウェイントローブの天才的デザインに感謝する。アビーが『説教したがる男たち』の文字を太くはっきりと印字してくれたおかげで、小さな本はプラカードや挑発の役割を果たした。『暗闇のなかの希望』とこの本にも同じデザインを継承し、これらは暴力と闘争があるところには常に希望もあることを示す三部作となった。ローリー・ファニング、ジム・プランク、ジュリー・フェインと、その他のヘイマーケットチームの人々の寛容で素晴らしい仕事にも感謝する。ジェンダーと権力をめぐるこの対話に参加したいと思ってくれた読者たちにも。読者の手に届くように私の本を置いてくれた独立系書店にも。本がいまだに私たちの生活の中心にあり、ひっそりとした静謐の中で他者の思想に没頭するためのもっとも深遠な手段であり続けていることにも、感謝する。

『ハーパーズ』のイージー・チェア・コラムニストに私を選んでくれたクリストファー・ベハに特別の賛辞を贈る。「すべての問いを生むもの」、「五百年万来の郊外から離れて」、「女巨人」は、当初ここで掲載された。「反乱の年」、「七つの死の一年後」、「レイプ・ジョークをめぐる短くも幸福な近況」を含むいくつかの作品を掲載してくれた『ガーディアン』にも。そして「女が読むべきでない八十冊」と「『ロリータ』について説教したがる男たち」、「加害者が行方不明」を最初に掲載してくれたリットハブにも、感謝する。

身体や美や侵犯や境界を素晴らしい形で描き出し、この本に豊かで深い味わいを与えてくれた長年の友人、パス・デ・ラ・カルサーダにも深く感謝する〔原著には彼女の絵画作品が添えられている〕。そして友人のメアリー・ベス・マークスにも。私が幸運にも出会うことができたもっとも親切で輝かしい人々のひとりで、本を、水を、友人を、妻を、兄弟と義兄弟をこよなく愛した彼女は、この本の完成間近に突然亡くなった。若い人々への献辞で幕を開けたこの本を、彼女の愛しき思い出とともに閉じたいと思う。

訳者あとがき

本書はRebecca Solnit, *The Mother of All Questions*, Haymarket Books, 2017の全訳である。もともとは、ソルニットによる二〇一四年の著書、『説教したがる男たち』（左右社刊）の続編として出版された。『説教〜』におけるフェミニズムの主題を継承しつつ、さらに本書ならではの「沈黙」という主題に深く切り込んだ内容となっている。全体としては、冒頭に本全体の主題を指し示すようなエッセイ、「マザー・オブ・オール・クエスチョンズ」（原題*The Mother of All Questions*と同タイトルである）があり、その後が大きく分けて二部構成となり、「沈黙は破られる」と「ブレイキング・ザ・ストーリー」と題されたパートが順次続くという形になっている。

冒頭の「マザー・オブ・オール・クエスチョンズ」は、「説教したがる男たち」の冒頭の章にも通じるコミカルさと鋭利さをもって、英国でヴァージニア・ウルフについて講演したときの体験を綴っている。講演後の質疑応答で、ヴァージニア・ウルフは子どもを産むべきだったのか、という問いをソルニットはぶつけられる。その問いは、以前に自分自身に投げかけられたものでもあった。ヴァージニア・ウルフは子どもを産むべきだったのか。なぜ彼女は子どもを産まなかったのか。なぜあなたは子どもを産まなかったのか。こうした問いはそもそも個人的で不躾で、答える義務などないし、そもそも答えが存在しない問いだ。だが日常生活において、私たちは繰り返し同種の問いが投げられるのを目撃している。もしくは、自分たち自身がその問いをぶつけられている。

　問う側にとってみれば、この問いは修辞疑問のようなものだ。相手から引き出したい答えは、すでにわかりきっているのだから。ヴァージニア・ウルフは、もしくはほかの誰それという女性は、なぜ子どもを産まなかったのか。その問いの前提になっているのは、「子を産むことこそが女性の本分であり、それを行わない女性にはきっと何かが欠けているはずで、本来あるべき幸せを手にしていない」というものだ。もちろん現代では女性の社会進出が進み、ライフスタイルも多様化し、結婚や出産を選ばない女性がたくさんいることを私たちは知っている。そんな問いに答える必要すらないことも。それでもこの種の問いは、いまだとんでもなく強い訴求力をもって、ことあるごとに私たちに突きつけられるのだ。ゆるやかな孤を描きながら対象にぶつかり、破壊しようとする金属球《レッキング・ボール》のように、フェミニズムが達成してきたものへのバックラッシュそのもののように、問いは何度でも私たちのもとに戻ってくる。

　ソルニットが本書で提案するのは、そのような問いに答える代わりに、問いの金属球を投げ返すことだ。エッセイの結末で、失礼なインタビュアーに返す刀で切り出した絶妙の問いについて、彼女は回顧する。「あなたは人間性に傷つき、風景のなかに逃げ場を求めたんですね」。プライベートな事柄について勝手に詮索し、浅薄なトラウマの物語を押しつけながら聞き手が問うてきたとき、ソルニットは観客に向き直り、反射的に問いの方向性にねじれを加えてこう問い返したのだった。「この中で、人間性に傷ついたことある人、いますか？」本書はこのような、鋭さと笑いに彩られた問いの切り返しに満ちている。思い出してみると『説教〜』の冒頭のエッセイで描かれた状況――自分の著作について、それを読んでもいないらしい年長の男性から訥々と説教を受ける――もまた、批判や驚き、呆れだけでなく、ユーモアをもって活写されていたのだった。そしてそこから継承された笑いが持つ力と、返しようのない問いに問い返していく攻めの姿勢は、本書の全体の主題である沈黙に抵抗する有力な手段にもなるものだ。

「沈黙の歴史は、女性にとっては中心的なものだ」とソルニットは切り出す。「沈黙に関する簡潔な記録」（タイトルはおそらく、ブッカー賞を受賞したマーロン・ジェイムズの『七つの殺人に関する簡潔な記録』［二〇一四］をもじっていると思われる）に始まる本書の第一部は、女性たちが沈黙を強いられてきた歴史の記録で成り立っている。レイプ、ドメスティック・バイオレンスから、ネット上のいじめや街路での嫌がらせや痴漢、果ては殺人まで、女性を沈黙に至らしめる数限りない事例のオンパレードに対峙しつつページを繰るのは、なかなかにしんどい作業だ。ビル・コズビーやドミニク・ストラス=カーンをはじめとする著名人による暴行事件や、アイラ・ビスタ虐殺事件のような女性を標的とした大量殺戮、沈黙そのものを主題化してきた女性作家や詩人たちの作品まで、ソルニットの振り返る米国の現代社会史・文化史は女性に対する暴力と、それに対する反応としての沈黙に溢れている。

　声と信頼性を奪われた状態から脱して、暴力と死に抗して自分の物語を語りはじめることは、女性にとって長きに渡る挑戦であり、その試みを助けてきたのがフェミニズムだった。ただし注意しなければならないのは、フェミニズムの目標は決して女性のみを救うことではないという点だ。ひとに沈黙を強いるのは、歪《いびつ》な権力関係だ。暴力やレイプや死の可能性をちらつかせ、一方的な権威と権利を主張することによって女性を黙らせ、男性には感情的なインテグリティを自己否定させ、もの言わぬ男らしさのみを受容するに至らしめる、そうした沈黙の構造を明るみに出すこと、それこそがソルニットが本書で試みていることであり、それは女性だけでなく男性も、あらゆるジェンダーに属する人間をも解放に導くことに通じているはずだ。「フェミニズム――男たちの到来」という章に明示されているように、フェミニズムは女性だけの仕事ではない。男性の存在もまた、長きに渡る変化のプロセスの一部なのだ。

　人間の精神の解放を目ざす革命的なフェミニストとしてのソルニットの書きぶりに

あって、今作でひと際目立っているのは、先述した笑いの使い方だ。本書の疾走の折り返し地点のように第一部の最後に掲載された「レイプ・ジョークをめぐる短くも幸福な近況」は、まさに笑いの効果そのものを主題化した章だ。数においても笑いの質についても男性中心であったアメリカン・コメディの地勢が、レイプ・ジョークとビル・コズビーの失墜を通して、また女性コメディアンたちの勃興を通して塗り変えられていくさまがこの章では描かれている。そこでソルニットが強調しているのは、主題をずらし、通念を脱臼させることによって生まれるおかしみだ。著者自身の巧みな問いによる問い返しにも似て、新しい笑いの言語は男性優位の古臭い笑いを転倒させ、風穴を開ける。意識を失った女性をレイプすることが笑いの源泉だった時代は、終わりを告げた。女性たちはいま、正面切って「レイプ・ジョークは面白くない」という当たり前の真実を語り、そのようなジョークを可能にしていた男性の共同体そのものを笑い飛ばすこともできるのだ（エッセイが書かれた二〇一四年以降、アジズ・アンサリやエイミー・シューマーといった新しい笑いの担い手が、みずからのスキャンダルで失速してしまったのは皮肉ではあるが）。言語の意味を脱線させることを通して、笑いとともにジェンダー表象における歪みを伝えることにもっとも成功しているのは、第二部の「加害者が行方不明」だろう。ＣＤＣのガイドラインに登場する、事実をぼやかすためにだけ存在するような表現を擬人化した「過度の飲酒くん」のくだりなどは、訳しながら声を出して笑ってしまったほどだ。だがそれは同時に、女性が傷つきうる状況において加害者の存在が都合よく隠されていく過程に対する鋭い批評でもある。深刻さと腰砕けの笑いの間を自在に行き来しつつ真実を伝える、言語の探偵たる著者の真骨頂が垣間見える場面だ。

　文学を扱った後半の二章「女が読むべきでない八十冊」と「『ロリータ』について説教したがる男たち」では、ソルニットの批評はさらに痛烈さを増す。この二章に共通する視点を簡単にまとめれば、男として本を読むことと、そうではない存在として読むことはまったく別種の体験なのだということだ。伝統的に西洋の文学作品一般が読者として想定してきたのは、基本的に男性だ（さらにいえば、白人男性だ）。女性をはじめ、その特性に当てはまらない読者は、自分ならざる視点に寄り添って小説を読み進めることを余儀なくされてきた。しかし自分ならざる視点が、自分とよく似た人物の声を奪い、価値を貶め、その存在を取るに足らないものとして扱うことに慣れるのはたやすいことではない。というか、正直気持ちが悪い。文学的傑作として（『エスクァイア』のような男性向け媒体において）賞賛されている作品の視点に同一化しようとし、それでもなお拒絶されたように感じるというのは、実は女性をはじめ、想定された透明な読者以外の人間にとっては、大変よくある読書体験なのだ。

　おそらくそのジレンマをこの上なくわかりやすい形で示しているのが、『ロリータ』という作品なのだろう。これはフィクションについてのフィクションなのであって、ペドフィリアや性暴力はテクスト表面の枝葉末節に過ぎない。視点を持たない少女ロリータは本書において内面を持った人物として創造されていない。ゆえに、彼女に感情移入してこの小説を読むことは、「正しい」読み方ではない。ソルニットが本文中で触れていた一連の説教めいた主張は、文学批評を生業とする訳者にとっても非常になじみ深いものだ。だがそうした主張をする側は、自分という厄介な存在（それは性的少数者だったり、非白人だったり、労働者階級だったり、いろんなものであり得るだろう）を滅却しない限り「文学」というものにアクセスすることすらできないような読みの世界を想像したことがあるだろうか。想像しなくても済むことが「文学」に対する特権なのなら、私たちの前にある八十冊もの「読むべき」書物は一体何のためにあるのだろう。文学をめぐる二章が語っているのはそうした事柄であり、そうした事柄をシンプルに語っただけでバカげた過剰反応を食らうことについてであり、さらには『テヘランでロリータを読む』に登場する女性たちが行ったような、視点を持たざる人物にあえて内面を想定することで生まれる読みと繋がりの可能性についてでもある。共感を通じて自意識を押し拡げていくことにこそ芸術の可能性があり、現実を変えていくラディカルさがある。それはソルニットの執筆活動に通底する信念だと言えるだろう。

　末尾になるが、二章の最後につけ加えられた『ジャイアンツ』の映画評、「女巨人《ジャイアンテス》」は隠れた名文だ。サンフランシスコのカストロ劇場で十年毎にこの映画を見るという観劇体験だけでも十分に魅惑的なのだが、同じ映画を見続けているのに毎回違った存在がスクリーンから呼びかけてくるさまは感動的だ。映し出される映像はついぞ変わらないのに、そのときそのときの自分の存在と思考が、映画を触発していくのだ。「重要なのは作品が自分にもたらすものだけでなく、自分が作品にもたらすものでもある」。その思想は、本書冒頭にもあった、問いを問い返すことによって新たな意味を創出していく姿勢とも、きっと繋がっているはずだ。

『説教したがる男たち』に引き続き、本書でもお世話になった左右社の東辻浩太郎さんにお礼申し上げる。そして、当初翻訳を担当予定だった故手嶋由美子さんにも、深く感謝と追悼の意を表したい。

二〇二〇年十二月　ハーン小路恭子

レベッカ・ソルニット　Rebecca Solnit

一九六一年生まれ。作家、歴史家、アクティヴィスト。カリフォルニアに育ち、環境問題・人権・反戦などの政治運動に参加。一九八八年より文筆活動を開始する。「マンスプレイニング」の語を広めた『説教したがる男たち』（*Men Explain Things to Me*, 2014）、歩くことがいかに人間の思考と文化に深く根ざしているか広大な人類史を渉猟する『ウォークス　歩くことの精神史』（*Wanderlust*, 2000）、エドワード・マイブリッジ伝*River of Shadows*（2004、全米批評家協会賞）、旅や移動をめぐる思索『迷うことについて』（*A Field Guide to Getting Lost*, 2005）、社会運動における希望の重要性を伝える『暗闇のなかの希望　語られない歴史、手つかずの可能性』（*Hope in the Dark*, 2005）、日本でも震災後に広く読まれた『災害ユートピア』（*A Paradise Built in Hell*, 2009）など環境、土地、芸術、アメリカ史など多分野に二十を越す著作がある。

ハーン小路恭子　はーんしょうじきょうこ

米文学者。専修大学教授。専門分野は二十世紀以降のアメリカ文学・文化。危機意識と文学・文化ジャンルの創成の関係に関心を持つ。

わたしたちが沈黙させられるいくつかの問い

二〇二一年一月三〇日　第一刷発行
二〇二四年一二月二〇日　第二刷発行

著者　レベッカ・ソルニット
翻訳　ハーン小路恭子
発行者　小柳学
発行所　株式会社左右社
一五一-〇〇五一
東京都渋谷区千駄ヶ谷三-五五-一二ヴィラパルテノン
TEL. 〇三-五七八六-六〇三〇　FAX. 〇三-五七八六-六〇三二
https://www.sayusha.com

装幀　松田行正＋杉本聖士
印刷所　創栄図書印刷株式会社

Printed in Japan. ISBN978-4-86528-010-4